Mein besonderer Dank gilt Margret Achatz, Wolf-Dieter Enkelmann, Nicola Schlubach und Lucy Winic für ihre liebevolle Unterstützung.

Guntram Colin Goldner

Zen in der Kunst der Gestalt-Therapie

AV-Verlag

AV-Verlag, Rosengasse 11, 8900 Augsburg
Herstellung: Druckladen Augsburg
ISBN: 3-925274-06-5

Inhaltsverzeichnis

Über Zen zu reden oder zu schreiben
Ist einer Schlange Füsse anzukleben.

Hui-Neng

Über Gestalt-Therapie zu reden oder zu schreiben
Ist Elephantenscheiße zu verzapfen.

Fritz Perls

...es ging mir in der vorliegenden Arbeit nicht um eine wissenschaftlich-kompilatorische Darstellung von Gestalt-Therapie, -geschweige denn von Zen.

Worum es mir vielmehr ging, ist, die tiefe Seelenverwandtschaft dieser beiden "Gestalten" zu erschließen, den Blick zu öffnen für die innige Beziehung moderner westlicher Psychotherapie mit der uralten spirituellen Lehre des Ostens.

Ich habe mich dabei bemüht, eine Sprache zu finden, die sich ganz bewußt absetzt von der vielfach alles und jedes weg-rationalisierenden Wissenschaftlichkeit akademisch-psychologischer Texte, ohne dabei nun in nur subjektiv-Anekdotisches zu verfallen, ebenso wie von den oftmals sehr vernebelnden Vag- und Ungereimtheiten der einschlägigen esoterischen oder spirituellen Literatur, und dabei doch und gerade deren Mystisch-Besonderes zu wahren.

Ein Versuch.

G.C.Goldner
München, 1986

Elephantenscheiße

Fritz Perls stützte sich in der Entwicklung von Gestalt-Therapie auf verschiedenste wissenschaftliche und philosophische Ansätze und entlehnte sehr frei davon, was immer er in seinem eigenen Leben als sich bewahrheitend erfahren konnte. ***
Er begnügte sich jedoch beileibe nicht mit einem bloß eklektischen Zusammenfügen von Bausteinen unterschiedlicher Systeme; sein Genius zeigt sich vielmehr in seinem Schaffen eines völlig neuen Weges psychotherapeutischen Wirkens, einer lebendigen Gestalt, die, wohl geboren aus Elementen vielfältigster Traditionen, in ihrem Insgesamt doch weit über diese hinauswächst.

Fritz Perls´Weltsicht war in erster Linie geprägt von Wilhelm Reich´s "Charakteranalytischer Arbeit", von Existentialistischer Philosophie (Buber, Scheler, Tillich) und Gestalt-Psychologie (Wertheimer, Köhler), -nicht zu vergessen selbstredend seine tiefe Verwurzelung in der durch-und-durch europäisch-wissenschaftlichen Tradition klassischer Psychoanalyse (Freud, Harnich, Deutsch e.a.).

Gleichwohl er also zeit seines Lebens ein bis ins Innerste "westlich-rationalistisch" denkender Mensch war, -sein jüdischer Familien-Hintergrund hatte da ein Übriges getan, so bekommt doch seine Weise, von Gestalt-Therapie zu sprechen, ihren ganz besonderen touch von seiner intensiven Bekanntschaft mit der spirituellen Lehre von Buddhismus und Taoismus.

Es war ihm selbst vermutlich am wenigsten bewußt, wie wirklich doch der Einfluß östlicher Philosophie auf ihn war in der Entwicklung seiner Ideen. Durch all seine Schriften zieht sich eine diesbezüglich recht auffällige Ambivalenz; er gebraucht auf der einen Seite sehr geläufig spezifisch östliche Begriffe und Wendungen, auf der anderen Seite jedoch erscheint er persönlich äußerst distanziert davon.
"Es stimmt," schreibt er in seiner Autobiographie ganz zugeständig, "ich übernahm eine Menge von Zen, in einer kalten, intellektuellen Weise." *1

Selbst nicht zufrieden mit dieser rein "funktionalistischen" Sicht ging er in späten Lebensjahren nach Japan, wo er für einige Zeit in einem traditionellen Zen-Kloster lebte, um so einen unmittelbaren Geschmack der östlichen Seins-Weise zu erhalten.
Ein Mißerfolg, in seinen Worten.
Obwohl sich seine Verständnisbereitschaft für den "östlichen Weg" hie und da etwas erweiterte, blieb er doch stets sehr skeptisch gegenüber all dem "esoterischen Unsinn" und anerkannte ausschließlich, was für ihn direkt und unvermittelt erlebbar war.

Wie auch immert, die Frage, ob oder inwieweit oder wie verquer nun Fritz Perls persönlich in seinem Dasein beeinflußt wurde durch seine Zen-Buddhistischen Studien, ist hier nicht von weiterer Bedeutung.
Worum es in diesem Aufsatz gehen soll, ist vielmehr, dem Wesen selbst des Zen nachzuspüren, wo und wie es im GestaltTherapeutischen Wirken sich zur Erscheinung bringt.

*** Dr.med.,Dr.phil. Frederick Salomon P e r l s (1893-1970)
"Begründer" der Gestalt-Therapie

Zusammen mit Fritz Perls wäre eine ganze Reihe weiterer Therapeuten zu nennen, die maßgebend an der Entwicklung von Gestalt-Therapie beteiligt waren (Laura Perls, Paul Goodman, Jim Simkin, e.a.); für die Absicht dieser Arbeit ist es indes völlig ausreichend, sich stellvertretend auf Fritz Perls zu beziehen.

Das zeitlose Unendliche

Die philosophische Sichtweise der Gestalt-Therapie gründet sich auf und führt zu einem integrativen, "holistischen" Verständnis des Menschen innerhalb des Universums. Gestalt-Therapie steht somit den religiösen und spirituellen Traditionen des Ostens sehr nahe, in denen sämtlich von der Beziehungshaftigkeit und Einheit allen Seins die Rede ist.

Historisch gesehen war indes diese Welt-Wahrnehmung keineswegs beschränkt gewesen auf den Osten, sondern findet sich auch und gerade an den Wurzeln westlicher Philosophie.
Im 6.Jhdt.v.u.Z., in den Anfängen griechischen Philosophierens, hatte die Milesische Schule von Ionia, in ihrem Bestreben, die letztendliche Realität allen Seins zu erforschen, eine monistische, "organische" Sicht der Welt entwickelt. Die Milesischen Mystiker wurden von den späteren Griechen "Hylozoisten" genannt, was soviel bedeutet wie "jene, die denken, Materie sei lebendig", da sie keinen Unterschied machten zwischen Belebtem und Unbelebtem, zwischen Geist und Materie.
Alle Formen der Existenz wurden gesehen als Manifestationen ein und derselben allumfassenden Einheit, die Anaximandros von Milet benennt als das "apeiron", das "unbegrenzte und zeitlose Unendliche":

"...denn aus diesem entsteht alles, und zu diesem vergeht alles." *2

Heraklit von Ephesos weist darauf hin, daß alles Wahrnehmen statischen Seins auf Illusion beruhe; die Welt befinde sich in einem Zustand ewigen Werdens, des fortwährenden Fließens und Sich-Wandelns aller Dinge:

"Du kannst nicht zweimal in denselben Fluß hineinsteigen;
denn er zerstreut und bringt wieder zusammen,
und geht heran und geht fort." *3

Dieselbe tiefe Einsicht in das Wesen des Seins wurde verblüffenderweise zu eben derselben Zeit auf der östlichen Hemisphäre zum Ausdruck gebracht, -in Indien von Siddharta Gautama, dem Buddha, und in China von Bo-Yang, besser bekannt als Lao-Tzu.

Während im Westen die Weltsicht der Mystiker von Ionia in der weiteren Entwicklung abendländischer Philosophie eine eher randständige Rolle zu spielen hatte, stellt im Osten die Lehre der alten Meister bis auf den heutigen Tag den Hauptstrom philosophischen und religiösen Denkens dar.

Die Spaltung im "organischen" Verständnis der griechischen Philosophie kam mit der Eleatischen Schule, in der die Existenz einer unveränderlichen, höheren Intelligenz angenommen wurde, eines Göttlichen, das von außen die Welt durchdringend diese bewirke.
So begann eine Richtung des Denkens, die letztlich zu der "Aristotelischen"Trennung von Geist und Materie führte, zu einem Dualismus, der vorherrschend und charakteristisch wurde für die europäische Philosophie der folgenden zweitausend Jahre.

Die extremste Formulierung dieser Aufteilung von Geist und Materie in zwei getrennte Bereiche erschien im 17.Jhdt.u.Z. in der Philosophie des René Descartes, der die Welt beschrieb als eine mechanische Anordnung unbelebter Materie-Objekte, die betrieben und gelenkt werde von einer äußeren, unabhängigen Kraft, dem Geiste Gottes. Der Mensch in der Folge wurde ebenso gesehen als aufgeteilt in einen untergeordneten Körper und einen übergeordneten Geist.

Descartes berühmter und oft mißverstandener Satz "cogito ergo sum", "Ich denke, also bin Ich", definiert dem Wesentlichen nach den Körper als ein blosses Objekt-Vehiculum für den Geist, -was letztlich eine Gleichsetzung von Ich-Sein nur mit Geist bedeutet, anstatt mit dem Insgesamt des Organismus.

Die dualistische Sicht des Cartesischen Systems, und parallel dazu das Newton´sche Mechanik-Modell des Universums, hatten determinanten Einfluß auf Form und Inhalt der sich entwickelnden modernen Wissenschaften, insbesondere der Medizinischen Physiologie und ihres späteren Ablegers, der Psychiatrie.

Das Gestalt-Verständnis nun überkommt die westlich-wissenschaftliche Herangehensweise des Zerlegens des Menschen in verschiedene Teile innerhalb seiner selbst, sowie des Abtrennens seiner von der Welt, im Bestreben, eben diese zerstörte Einheit wiederherzustellen.

Es stellt die Philosophie der Gestalt-Therapie also durchaus nichts dem westlichen Denken "Fremdes" dar,sondern vielmehr ist sie das Sich-Runden eines Kreises der Entwicklung, das zurückführt gerade zu dessen eigenem Beginnen.

Welch ein Aufatmen

Nachdem er mehrere Jahre als "klassischer" Psychoanalytiker gearbeitet hatte, wuchs in Fritz Perls zunehmend Skepsis gegenüber dem, was er da tat. Ein Großteil der psychoanalytischen Theorie und Methodik schien ihm völlig irrelevant zu sein und ganz offensichtlich nur beibehalten zu werden, weil es halt Dogma war. Die meisten der orthodoxen Analytiker kamen ihm vor, wie er schreibt, wie "computernde Leichname". *4 ***

Frustriert, jedoch immer noch loyal gegenüber der Analyse, versuchte Perls zu einer Verbesserung ihres theoretischen Rahmenwerkes beizutragen, nur, um sich äußerste Mißbilligung uns Ablehnung der größten Mehrheit des psychoanalytischen Establishments einzuhandeln.
Der Bruch war unvermeidlich.

Der Abschied von der Freud´schen Analyse bedeutete für Perls nicht nur den Verlust seines professionellen Bezugsrahmens, sondern auch seines "spirituellen Zuhauses", das, wie ihm später bewußt wurde, er in der Psychoanalyse geglaubt hatte, gefunden zu haben.
Er hatte sich völlig neu zu orientieren.

Durch seine vormalige Supervisorin Karen Horney, die sich intensiv mit östlichen Religionen befasst hatte, kam er in Berührung mit Zen. Und Zen, zumindest intellektuell, erschien ihm als <u>die</u> Befreiung von all dem pessimistischen und düsteren Dogmatismus der Psychoanalyse,wie er selbst sagte, "...von dem ganzen Freud´schen Mist." *5

Reginald Blyth, der berühmte Zen-Anthologe, bringt dies so zum Ausdruck:

> "Zen zieht uns an, da es uns endlich einen Glauben gibt, den wir nicht glauben müssen. Keine Dogmas, keine Mythologie, keine Kirche, kein Priester, keine Heilige Schrift, -welch ein Aufatmen !" *6

*** Um die Zitate Fritz Perls´im vorliegenden Aufsatz besser "würdigen" zu können, gilt es zu wissen, daß er neben seinem wissenschaftlichen Grundlagenwerk zur Theorie der Gestalt-Therapie (<u>Ego,Hunger andAggression</u>,1947) und seiner Autobiographie (<u>In and Out the Garbage Pail</u>,1969 -was etwa soviel heißt wie "<u>Rein in den Mülleimer, raus aus dem</u> Mülleimer") keine weiteren Bücher verfasste.
Der größte Teil seines Denkens ist vorgestellt in Abschriften von Tonband-Protokollen seiner zahlreichen Seminare oder auch informeller Gespräche. Perls´ Art des Völlig-aus-dem-Stegreif-Sprechens ermangelt natürlich hie und da das Ausgefeilt-Sein "wissenschaftlicher" statements, -aber es ist auch und gerade diese Qualität des Spontanen, dieses Sich-kein-Blatt-vor-den-Mund-Nehmen, das seiner therapeutischen und pädagogischen Arbeit so viel ihres Zen-Charakters verleiht.

Jenseits allen Unterschiedes

"Zen erblüht spontan, natürlich aus dem menschlichen Herzen; er ist keine besondere Enthüllung für eine bestimmte Person, Klasse oder Gesellschaft. Zu sagen, Zen sei von Indien nach China und von China nach Japan gekommen, ist von daher völliger Blödsinn." *7

Ungeachtet dieser sehr wahren Bemerkung Reginald Blyth´s, oder eher eingedenk ihrer, werde ich doch im Folgenden den Versuch unternehmen, den Weg des Zen durch Raum und Zeit seiner "historischen" Entwicklung nachzuzeichnen, -die mir hier am sinnvollsten erscheinende Weise, auf sein Wesen hinzuführen.

Zen ist, geschichtlich gesehen, ein Chinesisch-Japanischer Zweig des Mahayana-Buddhismus, einer der beiden größeren Schulen der Buddhistischen Lehre. Die Philosophie des Buddhismus gründet sich auf das Wort des Siddharta Gautama, des sogenannten "historischen Buddha", der im 6.Jhdt.v.u.Z. in Nordindien lebte.
Buddha, der "Erwachte", sprach zum erstenmale in Benares um das Jahr 530 v.u.Z.; er nahm die traditionellen Hindu-Vorstellungen von "maya", "karma", "nirvana", etc. auf und gab ihnen in Gegensatz zu ihrem bisherigen rein fatalistischen Gehalt eine neue, revolutionär dynamische und spontan lebens-freisetzende Interpretation.

Der Überlieferung zufolge fasste Buddha seine Lehre, das "dharma", in die Form der sogenannten "Vier Erhabenen Wahrheiten":
Die erste davon spricht vom Hauptmerkmal des menschlichen Seins, von "dhuka", was soviel bedeutet wie Leid oder Nicht-Zufriedenheit. Dieses Leid, do erklärt die zweite "Erhabene Wahrheit", erwachse aus "trishna", der Schwierigkeit, sich der grundlegenden Lebenserfahrung zu stellen, daß alles zeitlich und vergänglich sei; Leid und Unzufriedenheit entstünden, wo immer der Mensch sich dem Flusse des Lebens widersetze und versuche, sich an den Illusionen des "maya" festzuklammern, an vermeintlich festen Formen und Kategorien. In der dritten "Erhabenen Wahrheit" ist die Rede davon, daß Leid und Schmerz beendet werden könnten, daß es dem Menschen möglich sei, Freiheit und Frieden zu erlangen, ein Leben völligen Ausgeglichenseins, des "nirvana".
Der Weg, dieses "Buddha-Sein" zu erreichen, ist beschrieben in der vierten "Erhabenen Wahrheit", dem "Heiligen Achtfachen Pfad". Dieser Pfad der "Selbst-Verwiklichung" gibt Regeln und Weisungen für den "Richtigen Weg des Lebens", für "madhyamika", einen Weg jenseits gegensätzlicher Extreme. Neben einer Reihe ethischer Bedingungen für das Erreichen "nirvana´s" in den ersten fünf seiner acht Stufen, bezieht sich der "Heilige Pfad"in den letzten drei Abschnitten auf das meditative Training, das nötig ist für die "letztgültige Erfahrung der Wirklichkeit".
"Rechte Anstrengung", "Rechte Aufmerksamkeit" und "Rechte Betrachtung" sind die Schlüssel zu dieser Erfahrung, die ihrem Wesen nach ein Überschreiten der Welt der Unterschiede und Gegensätze ist, ein Eintreten in die Welt des "acynthia", des "Un-Geborenen", in der Realität erscheint als un-geteilte und unentfremdet-selbstbestimmende "So-heit".
Diese Erkenntnis der Wirklichkeit als einfache "So-heit", "tathata", ist der Ursprung der Lehre Buddha´s.

Als Buddha im Jahre 485 v.u.Z. starb, hinterließ er eine rasch anwachsende Gemeinschaft tausender Anhänger. Unter den vielfältigen Interpretationen, die das "dharma" unmittelbar nach seinem Tode schon in zahllose sektiererische Richtungen aufspalteten, begannen letztlich zwei bedeutendere Schulen des Buddhismus sich abzuzeichnen, die des "Theravada" und die des "Mahayana".
Der "Theravada" vertrat eine eher konservative Auffassung, die eng am Buchstaben des Wortes Buddha´s klebte, wohingegen der "Mahayana" in sehr viel offenerer und freierer Haltung das Augenmerk mehr auf den Geist des "dharma" richtete, denn auf dessen vorgegebene Formulierung.
Der "Mahayana", das "Große Gefährt" der Befreiung, entwickelte sich schließlich zu der wesentlicheren der beiden Schulen und verbreitete sich über ganz Asien, -nach Nepal, Tibet, China, Japan. Er kam so in Berührung mit Menschen und Völkern verschiedenster Kulturen und Mentalitäten, die Buddha´s Lehre auf´s Innigste mit ihren jeweils eigenen Traditionen verwoben. Als ein ständig wachsener und sich wandelnder Prozeß eher denn ein feststehend dogmatisches Konzept konnte der Buddhismus sich so die Jahrhunderte hindurch lebendig erhalten.

Sich nach Kräften einmischen

Als Buddhismus zu Beginn des 1.Jhdts.u.Z. nach China kam, traf er dort auf eine Kultur, die bereits über 2000 Jahre alt war. Philosophisches Denken war während der späten Chou-Periode (etwa 500-221 v.u.Z.), dem "Goldenen Zeitalter" China´s, zu einem Höhepunkt gelangt und hatte sich seither in höchster Blüte erhalten können.

Die Chinesische Philosophie hatte grundlegend zwei komplementär einander gegensätzliche Seiten: Das hochentwickelte soziale Bewußtsein des Chinesischen Volkes widerspiegelnd, waren sämtliche philosophischen Schulen in mehr oder minder praktischem Sinne befasst mit Fragen des gesellschaftlichen Lebens und zwischenmenschlicher Beziehungen. Komplementär hierzu galt der mystische oder metaphysische Aspekt Chinesischer Philosophie, in dem das Augenmerk gelegt wurde auf die Transzendenz von Ich und Welt, auf das Erlangen "höherer" Ebenen des Bewußtseins.
Der Chinesische "Weise", das Ideal des "Vollkommen-Seienden", vereinigt in sich diese zwei Seiten menschlicher Natur, -zurückgezogene Betrachtung und sozial verantwortliches Tun; gleichwohl er einen Zustand mystischer Einheit mit dem Universum erreicht hat, lebt der Weise doch nicht abgehoben von der Welt in irgendeiner jenseitigen Sphäre spirituellen Seins, sondern ist gleichermaßen befasst mit sehr Diesseitigem und mischt sich nach Kräften in weltliche Belange und Affären ein.

Während des 6.Jhdts.v.u.Z. hatte sich das Chinesische Denken in zwei voneinander unabhängige philosophische Schulen getrennt und etabliert, des Konfuzianismus und des Taoismus.
Konfuzianismus, auf der Lehre des Kung-Fu-Tzu oder Konfuzius beruhend, war ein Konglomerat "allgemein-gültiger" Maßstäbe und Lebensregeln, dessen Hauptaufgabe darin lag, eine ethisch-ideologische Grundlage zu formen für die traditionelle soziale Ordnung der Chinesischen Gesellschaft und ihrer komplexen, fast absurd ritualistischen Struktur einen "vernünftigen" Rahmen zu verschaffen. Konfuzius sorgte für ein sämtliche Schichten umfassendes Erziehungs- und Schulsystem und dergestalt für eine all-gesellschaftliche Verankerung der strikt genormten Konventionen sozialen Verhaltens.
Taoismus auf der anderen Seite, eine Philosophie, die sich begründet auf das Wort Lao-Tzu´s, eines älteren Zeitgenossen des Konfuzius, ist vornehmlich befasst mit Erfahrung der Natur und dem Erforschen ihres Weges, des "Tao". Glückseligkeit, so die Lehre des Taoismus, sei erlangt, wenn man der natürlichen Ordnung folgend seiner eingeborenen, intuitiven Weisheit vertraue und also in freier Spontaneität handle.
Diese beiden Richtungen des Denkens wurden in Chinesischem Empfinden stets als komplementär verstanden, als zwei Seiten ein und derselben menschlichen Natur.
Auf Konfuzianismus wurde größter Wert gelegt in der Erziehung der Kinder, denen man die für das gesellschaftliche Leben nötigen Regeln und Rituale einpaukte, während die Erwachsenen sich dem Taoismus zuwandten, um ihre ursprünglicheSpontaneität wieder zurückzugewinnen, die durch all die gesellschaftlichen Konventionen verschüttet worden war.

Die Taoistischen ebenso wie die Konfuzianischen Lehrer mühten sich vergeblich, ständig darauf hinzuweisen, daß ein derart voneinander abgehobenes Funktionalverständnis der beiden Weisen des Seins wohl weniger ein komplementäres sei, als vielmehr ein höchst zynisches; es bedeute gerade die Festschreibung der Aufgespaltenheit des Menschen in verschiedene Teilbereiche innerhalb seiner selbst, anstatt, worum es denn gehe, deren diese Spaltung verwandelnde Integration zu bewirken.

Die schattige und die sonnige Seite

Die Philosophen des alten China waren überzeugt von der Existenz einer letztgültigen, jedoch undefinierbaren Realität, die der Vielfalt aller wahrnehmbaren Dinge und Ereignisse zugrundeliege. Diese Realität nannten sie "Tao", was ursprünglich soviel bedeutet wie "Der Weg".
Das "Tao", änlich dem Buddhistischen "tathata", begreift sich als die Urgegenwart des Universums, die in der ihr von Natur aus innewohnenden Dynamik den kosmischen Prozeß des ständigen Fließens und Sich-Wandelns allen Seins bewirkt.
Das vornehmliche Charakteristikum dieser Bewegung des Tao ist dessen zyklischer Verlauf eines immerwährenden Kommens und Gehens. Dieses Prinzip, das ersichtlich ist aus sämtlicher Erscheinungsform der Natur, etwa dem steten Wechsel von Tag und Nacht, Sommer und Winter, von Erkeimen und Verblühen, wurde in der Taoistischen Lehre als solches definiert mit der Einführung des Gegensatzpaares "Yin" und "Yang" als den beiden Polen, die den Kreislauf des Wandels umschließen:

"Das Yang, seinen Höhepunkt erreicht habend,
verschwindet zugunsten des Yin;
das Yin, seinen Höhepunkt erreicht habend,
verschwindet zugunsten des Yang" (Wang-Ch'ung) *8

Taoismus sieht jeglichen Wandel als Manifestation des dynamischen Wechselspieles dieser einander bedingenden gegensätzlich polaren Kräfte.

In den Worten des I-Ching, des über viereinhalbtausend Jahre alten Chinesischen Orakelbuches:

"Das, was jetzt das Dunkle,
jetzt das Lichte erscheinen läßt,
ist das Tao." *9

Die ursprüngliche Bedeutung der Begriffe "Yin" und "Yang" ist die der schattigen, beziehungsweise sonnigen Seite eines Berges.
Das Prinzip der Yin/Yang-"Archetypen" wurde zum Wesen Chinesischer Kosmologie; es versinnbildlicht das Universum in seinen gegensätzlichen Polaritäten des "Positiven-und-Negativen", des "Oben-und-Unten", des "Männlichen-und-Weiblichen" und so fort, die in ihrer dynamischen Beziehung das Lebendige des Lebens selbst ausmachen.

Die traditionelle Chinesische Medizin basiert ebenfalls auf diesem Prinzip. Chuang-Tzu, der berühmte Meister des 3.Jhdts.v.u.Z. drückt es in seinem "Wahren Buch vom Südlichen Blütenlande" so aus:

"Gesundheit ist die ineinandergewobene Harmonie von Yin und Yang." *10

Diese Harmonie erzeugt sich durch ein kontinuierliches Fliessen von Lebensenergie, "Ch'i" genannt. Jegliche Krankheit wird gesehen als eine Störung der ausgewogenen Balance, als Block im energetischen Fluß zwischen den Polen des "Yin" und des "Yang".

Sagt Huai-Nan-Tzu, ein Philosoph des 2.Jhdts.v.u.Z.:

"Dem, der in Einklang mit dem Tao
den natürlichen Vorgängen des Himmels und der Erde folgt,
wird es ein Leichtes sein,
die ganze Welt zu gestalten." *11

Ballast abwerfen

Die Lehre des Buddhismus, wie sie im 1.Jhdt.u.Z. in Form der "sutras" der Mahayana-Schule China erreichte, hatte auf ihrem wege durch ganz Südost-Asien vielfältigste Interpretationen und Ab- und Umänderungen erfahren und durch all die unterschiedlichen Kulturen, mit denen sie in Berührung gekommen war, großen Farbenreichtum gewonnen.
Diese Mahayana-sutras waren Schriften ungeheueren Ausmaßes, die nun die Chinesischen Denker anregten, Buddha´s Wort nun auch vor dem Hintergrund ihrer eigenen Traditionen zu beleuchten und weiterzuführen.

Das äußerst fruchtvolle Zusammenfliessen dieser philosophischen Ströme gipfelte in der Entwicklung wiederum zweier voneinander getrennter, jedoch ihrem Wesen nach komplementärer Schulen:
Auf der einen Seite bildete sich die eher transzendental orientierte Lehre des Hui-Yen-Buddhismus heraus, die spürbar verwurzelt war in der Tradition Taoistischen Denkens.
Parallel und komplementär zur Entwicklung dieser mystischen Hui-Yen-Schule erwuchs aus der Konfuzianistischen Seite der Chinesischen Mentalität eine Art "pragmatischer" Disziplin der Buddhismus, die ihren Schwerpunkt mehr auf seine "praktischen", im alltäglichen Leben erlebbaren Aspekte legte. Die Absicht dieser Schule, der der Name "Ch'an" gegeben wurde, war ein Abwerfen all des "Ballastes" der sich um das Wort Buddha´s herum angesammelt hatte, der Versuch des Wieder-Freilegens seines eigentlichen Wesenskernes.

Ch'an-Buddhismus hatte seinen Höhepunkt während der Sung-Dynastie im 10. und 11.Jhdt.u.Z., während der er seine Ideen sehr geläufig mit Gelehrten anderer Länder, besonders von Korea und Japan, austauschte.
Mit dem verheerenden Einfall der Mongolen in China im 12.Jhdt.u.Z. begann die Bedeutung des Ch'an zu schwinden. Seine Lehre bewahrte sich jedoch in Japan und kam dort unter dem Namen "Zen" zu neuer, eigenständiger Blüte.
Der Ursprung seines Namens gibt Hinweis auf die historische Genese des Zen: "Zen" ist die japanische Weise, das chinesische Wort ""Ch'an" zu sprechen und zu schreiben, das selbst wiederum eine Transliteration darstellt des Sanskrit-Begriffes "dhyan"; "dhyan" bedeutet soviel wie "Meditation", -"zu höherem Bewußtsein führende Wahrnehmung".

Zen, so könnte man sagen, ist eine einzigartig alchimistische Mixtur des Insgesamts der Weisheit des Ostens. So völlig gegensätzliche Strömungen widerspiegelnd, wie etwa den rituellen Okkultismus Tibets und die tiefe Liebe des Taoismus für das Natürlich-Spontane, oder die mystische Hindu-Mythologie des alten Indien und das durch-und-durch pragmatische Denken der Konfuzianer, stellt sich in Zen eine lebendige Vergegenwärtigung dar der mannigfaltigen Entwicklungsverläufe des Werdens der Menschheit.

Trotz dieses sehr besonderen Charakters ist sein Wesen jedoch rein Buddhistisch; es geht ihm um nichts anderes, als worum es Buddha selbst gegangen war, -um das Erlangen der "Erleuchtung", des Vollkommen-Selbst-Bewußt-Seins, eine Erfahrung, in Zen bekannt als "satori".
Der Weg zur Erleuchtung ist das Wesentliche allen Bestrebens östlicher Philosophie. Das Besondere und für uns Wichtige des Zen besteht nun darin, daß er das Augenmerk ausschließlich auf das Erfahren des "satori" richtet und nicht das geringste Interesse hegt an irgendwelchem Weiteren.

"Zen", wie Daisetz Suzuki es sehr prägnant ausdrückt, "ist die Disziplin der Erleuchtung." *12

Der zündende Funke

Für Zen ist die herausfordernde Lehre Buddha´s, daß es jedem Menschen möglich ist, von sich her aus dem Dunkel seines Dahindämmerns zu erwachen und an´s Licht des Bewußtseins zu treten, das einzig Wesentliche:

"Schau´ nach innen, Du bist der Buddha" *13

Der Rest der Lehre, wie sie etwa in den voluminösen "sutras" ausgewalzt ist, wird als bloßes Beiwerk gesehen.
Die Erfahrung des Zen ist die Erfahrung von "satori".
Da diese Erfahrung letztlich alle Kategorien reflektierenden Denkens überschreitet, ist Zen nicht interessiert an irgendwelchen Abstraktionen oder Konzeptualisierungen. Er hat von daher keine besondere Doktrin, keine formale Lehre, keine Dogmas oder Regeln, -davon ausgehend, daß es gerade diese Freiheit von allem festgelegten Glauben ist, die zur wirklichen Freiheit des "satori" führt.

"Ich folge keinem Pfad,
und komme an." (Chang-Hang-Chang) *14

Da Zen über keinerlei "Lehre" als solche verfügt, ist es nahezu unmöglich, sein Wesen diskursiv zu erfassen.
In den Worten von Zen-Meister Hui-Neng kommt jeglicher Versuch, über Zen zu sprechen dem Versuch gleich, "...einer Schlange Füsse anzukleben."*15
Mehr denn jede andere Schule östlicher Philosophie verachtet Zen den Gebrauch von abstrakten Begriffen und Worten; großes Theoretisieren oder Spekulieren ist ihm, -wohl ein Taoistisches Erbe, zutiefst zuwider.

"Wenn einer frägt nach dem Tao,
und es antwortet ein anderer,
kennt von beiden es keiner." (Chuang-Tzu) *16

Zen wird vermittelt in einer einmaligen Weise, die sich wohl verbaler Kommunikation bedient, jedoch nicht in Form kommentierenden Redens über die Wirklichkeit, sondern als ein weg des direkten Darauf-hin-Deutens. In seinem spontanen Gebrauch plötzlicher Aktionen oder eben auch Worte zielt Zen darauf ab, das Widersprüchliche von konzeptionell Gedachtem zu entblößen; die Aufmerksamkeit wird umgelenkt von abstraktem Sich-über-die-Realität-Gedanken-Machen hin zu einem bewußten Wahrnehmen dessen, was gegenwärtig und wirklich ist.

Ein Mönch sprach Meister Kegon an:
"Ich bin von weither gekommen, Euch zu sehen.
Würdet Ihr mir gütigst ein Wort der Unterweisung geben?"
Kegon antwortete:
"Ich werde alt, und mein Rücken tut mir heute weh." *17

Aus Gesprächen wie diesem, "mondo" genannt, besteht der größte Teil der Zen-Literatur; sie können wiederum nicht erklären, was Zen ist, -in einem tätigen Mitvollziehen jedoch mögen sie sich erschliessen.

Ein Mönch sagte zu Joshu:
"Ich bin kürzlich in das Kloster eingetreten.
Bitte unterrichtet mich."
Joshu fragte:
"Hast du deinen Reisbrei gegessen?"
Der Mönch antwortete:
"Ja, ich habe gegessen."
Darauf sagte Joshu:
"Dann wasch´ gefälligst deine Schüssel aus!" *18

Wie Reginald Blyth sehr richtig bemerkt, ist alles, was über Zen gesagt wird, oder gar geschrieben steht, gerade die Verhinderung, begreifen zu lernen, worum es denn eigentlich geht:

> "Was anrüchig ist an Zen, ist, was darüber geredet wird, die Wunder-wie-aufgeblasenen, kindischen stories, die wohl Augenblicke der Erleuchtung darstellen sollen, ganz zu schweigen von den Kommentaren, mit all ihrem Esoterizismus und ihrer Oberlehrerhaftigkeit..." *19

Trotz seiner eigenen Auffassung, daß es unmöglich sei, Zen in Worten zu umschreiben, schrieb und veröffentlichte Blyth umfangreiche Zen-Anthologien, wobei er der Schlange gewiß den ein oder anderen Fuß anklebte; aber gerade dadurch, daß er von etwas schrieb, wovon man nicht schreiben kann, gelang es ihm, ein sehr klares Bild von Zen, zumindest von dessen paradoxem Charakter, zu zeichnen.

Es ist in der Tat nicht möglich, über das, was Zen ist, zu schreiben, ohne das, worauf es ihm ankommt, dabei völlig zu verpassen; es kann indes auf sein Wirken hingezeigt werden, wo immer im Leben es sich zur Erscheinung bringt.
Die Absicht dieses Aufsatzes ist es, auf Zen hinzudeuten durch ein Widerspiegeln seines Wesens in der GestaltTherapeutischen Arbeit.

(Es ist dies im Übrigen durchaus kein neuer Kunstkniff: Die Schriften des Mönches Seng-Chao aus dem 5.Jhdt.u.Z. etwa, in denen er sich um ein Darlegen der Lehre des Ch'an-Buddhismus bemüht, sind voller Taoistischer Zitate und Ausdrücke; für sein Bestreben, das eigentlich unerklärbare Wesen des Ch'an mit Hilfe taoistischer Parallelen zu erklären, hat er sogar einen eigenen Begriff, "ko-i", die "Verbreitung des zündenden Funkens" *20)

Das große all-einschließliche Ganze

Die Grundlage allen philosophischen Denkens des Ostens ist eine holistische, ganzheitliche Sicht der Realität, in der die Natur erscheint als ein all-ein- ges Insgesamt.

Ashvagosha, der herausragende buddhistische Lehrer des 1.Jhdts.u.Z. spricht über das Wesen des "tathata":

> "Was als das Wesen gemeint ist der So-heit,
> ist die Einheit des Insgesamts aller Dinge,
> das große all-einschließliche Ganze." *21

Alle organischen und inorganischen Erscheinungen des Universums befinden sich in der Wandlungsbewegung eines fortwährend einander sich Berührens und "Zuordnens", wobei jedes dieser Elemente, inbegriffen "der Mensch", verstanden wird als ein in sich koordinierter, integraler Prozeß, intimst eingebettet in einen größeren Gesamtverlauf.

Die alte "ganzheitliche" Wahrnehmungsweise des Ostens findet ihr modernes westliches Gegenüber in Form der akademischen Gestalt-Psychologie, der Matrix, aus der Gestalt-Therapie sich herausbildte.
Die Wahr-nehmung des Menschen als integralem Wesen innerhalb seiner selbst, sowie als integralem Teilnehmer am Universum, wurde zur grundlegenden Ausgangsposition von Gestalt-Therapie.

Gleichwohl ihre Welt- und Selbst-Sicht diesbezüglich nahezu identisch ist, gibt es doch keinerlei Anzeichen dafür, daß die Entwicklung der akademischen Gestalt-Psychologie in irgendeiner Weise von östlicher Philosophie beeinflußt worden war. Fritz Perls selbst hingegen, der sich in der Formulierung von Gestalt-Therapie zu großen Teilen auf gestaltpsychologische Theorie stützte, scheint in seinem "holistischen", integrativen Ansatz bestätigt und bestärkt worden zu sein durch seine Zen-Buddhistischen Studien.

Gestalt-Psychologie entstand um 1910 in Berlin, -ursprünglich als eine Protestbewegung gegen die verkrustete Tradition akademischer Psychologie in Deutschland und Österreich. Ihr Ausgangspunkt war Max Wertheimer´s Forschung über die Wahrnehmung von Bewegung; er wies nach, daß die seinerzeitigen psychologischen Erklärungen von Wahrnehmung als bloßer Summe einzelner, zusammengesetzter Sinneseindrücke höchst unzulänglich und verfälschend waren, da sie sowohl das Fliessende wie auch die Ganzheit spontanen Erfahrens völlig außer Acht ließen. Wahrnehmung selbst, so fand er, zeigt stets den Charakter eines Insgesamts, einer Gestalt, die in jedem Versuch einer Analyse, eines Aufspaltens in ihre "Bestandteile" zerstört wird.
Qohl könne eine Erfahrung in einzelne Teile zerlegt werden, schreibt Wertheimer, jedoch ließe sich aus diesen teilen nun keineswegs folgern, daß die Erfahrungstätigkeit auch aus ihnen bestanden habe.
Ganz im Gegenteil: Gestalt-Psychologie zeigte, daß das Ergebnis einer Analyse ganz und gar nicht dasselbe ist wie die originale Erfahrung. Mit analytisch voneinander getrennten Bestandteilen eines Phänomens anzufangen heißt, am falschen Ende zu beginnen, da diese Teile in sich schon Ergebnisse sind von Abstraktion und Reflexion, abgeleitet von der unmittelbaren Erfahrung, um die es ansich geht.

Gestalt-Psychologie nun geht zurück zur "Naivität" spontanen Wahrnehmens, und siehe da, -plötzlich finden sich nicht mehr bloß Ansammlungen voneinander getrennter Sinneseindrücke, sondern klare, zusammenhängende Gestalten.

Wie es in einem Haikku-Poem von Zen-Meister Yaha heißt:

"Leuchtend roter Mohn,
Und drüber zieh´n am Himmel
Die weißen Wolken". *22

Das In-Erscheinung-Treten sich klar herausbildender Figuren, des Mohns, der Wolken, zeigt, daß diese wahrgenommenen Einheiten deutlich unterschieden von ihrer Umgebung, dem Himmel, gesehen werden: Dieses Phänomen veranschaulicht das Prinzip der Gestalt-Formation, das jeder Erfahrung zugrundeliegt, des Organisierens des undifferenzierten Feldes der Wahrnehmung in Figuren und Hintergrund dergestalt, daß das Ganze Sinn ergibt.
Ein Aspekt des Gesamtfeldes tritt dabei in den Vordergrund, ohne jedoch Bezug zu verlieren zum Rest des Feldes, zu seinem Kontext, der sich ebendarin auch vergegenwärtigt, so wie der Mohn eben nur auf dem Hintergrund des Himmels wahrgenommen werden kann.

Lao-Tzu im Tao-Te-King:

"Das große Gestalten beschneidet nicht." *23

Dinge sind nichts in sich selbst

Gestalt-Psychologie, die mit Forschung begann in Hinblick auf die besondere Frage visueller Wahrnehmung, dehnte ihre Untersuchungen in andere Bereiche der Psychologie aus. Was sich dabei herausstellte, verlangte schließlich eine komplette Revision nicht nur der traditionellen Psychologie, sondern der gesamten herkömmlichen Wissenschaft.
Gestalt-Prozesse, so offenbarte sich, sind das Bewirkende des Insgesamts der Natur; sie treten nicht nur in psychologischem Erfahren auf, sondern in sämtlichen Verlaufsformen des Lebens, wie beispielsweise der biologischen Ontogenese, der Evolution "geformter" organischer Struktur aus undifferenziertem Protoplasma.

Aufbauend auf der revolutionären Arbeit Wolfgang Köhler´s über die Funktion des Nervensystems stellte Kurt Goldstein in seinem Werk "Der Aufbau des Organismus" (1934) zum erstenmale das Konzept des Organismus als einem Insgesamt vor. In Widerspruch zur akademischen Philosophie und zur medizinisch-naturwissenschaftlichen Anschauung seiner Zeit, die den Menschen in traditioneller Weise als die bloße Summe seiner separat funktionierenden Bestandteile sah, zeigte er, daß die einzelnen Organe eines Organismus ganz und gar nicht unabhängige Teilstücke irgendeines Apparates, sonder vielmehr voneinander unabdingbare Glieder eines lebendigen Ganzen sind, sich intimst aufeinander beziehend und einander zusprechend.

Diese grundlegende Erkenntnis der modernen Gestalt-Psychologie schlägt eine Brücke zur alten Tradition östlicher Philosophie, die in ihrem Wesentlichen dieselbe Wahrnehmungsgegenwart zum Ausdruck bringt.

Nagarjuna, der große Buddhistische Meister des 2.Jhdts.u.Z.:

> "Dinge beziehen ihr Sein und ihre Natur
> aus ihrem gegenseitigen Zugehörigsein,
> und sind nichts in sich selbst." *24

Fritz Perls, der eine Zeitlang als Assistent bei Goldstein tätig war, stützte sich auf die Grundlagen der Gestalt-Psychologie in der Entwicklung seines therapeutischen Weges; daß er seine Arbeit Gestalt-Therapie" nannte, bezeugt die enge Verbindung, die er zur Gestalt-Psychologie sah.

> "Wir glauben," so sagt er, "die Gestalt-Sichtweise ist das ursprüngliche, unverfälschte Herangehen an´s Leben, an das menschliche Denken, Fühlen, Tun." *25

Der Geist der Gestalt-Therapie und die ihr zugrundeliegenden Prinzipien sind geboren aus Beobachtung und Wahrnehmung der frei fliessenden, sich selbst überlassenen Natur.

> "Gestalt ist so alt wie die Welt selbst." (Perls) *26

Das Gestalten selbst ist die Quelle des Lebens, aus der es sich von sich her schöpft. Leben ist nicht gemäß verdinglichender Vorstellung einfach vorhanden, sondern wird zum Leben im Sich-Gestalten.

> "Wer dem natürlichen Gestalten folgt,
> fließt in der Strömung des Tao." (Huai-Nan-Tzu) *27

Eins zu sein mit dem Tao, in Einklang zu leben mit der Lebens-Natur, bedeutet, gesund zu sein.
Fritz Perls beschreibt Gesundheit als eine "ausgewogene Balance in der Koordination all dessen, was wir sind." *28 Er fährt fort, das Wort "sind" zu unterstreichen, da "in dem Moment, in dem wir sagen, wir 'haben' einen Organismus, oder wir 'haben' einen Körper, führen wir eine Spaltung ein, als ob da ein 'Ich' wäre, das in Besitz eines Körpers oder eines Organismus sei. Wir existieren als Organismus." *29

Eine ganzheitliche Selbst-Wahrnehmung des Organismus "Mensch" bringt das Tun seines Körpers, seiner Gedanken und seiner Gefühle, ebenso wie seiner Beziehungen zur äußeren physischen wie metaphysischen Welt in ein einheitliches Bild, als unterschiedliche Erscheinungsweisen ein und desselben Ereignisses, -eben dieses Menschen.

> "Wir sind all diese verschiedenen Einheiten,deren subtiles Spiel eines ständigen Einander-sich-Zuordnens den Organismus ausmachen."(Perls)*30

Der Mönchs-Gelehrte Sojo betont die "ökologische" Beziehung von Mensch und Welt; er schreibt in einem Gedicht:

> "Himmel und Erde und Ich sind von derselben Wurzel,
> Die zehntausend Dinge und Ich sind von selbem Wesen." *31

> "Wir sind Teil des Universums, nicht getrennt davon.
> Wir und unsere Umwelt sind eins.
> Wir können nicht sehen, ohne etwas anzusehen.
> Wir können nicht atmen ohne Luft..." (Perls) *32

Ein Organismus ist gesund, wenn er in Berührung ist mit sich selbst, mit seiner Um-Welt und mit der Berührung beider selbst.

Ikkyu, der berühmte Zen-Poet des 14.Jhdts.u.Z.:

> "Genau hinschauend,
> Ich und das Andere,
> Da ist kein Unterschied." *33

Des Himmels Weg

Organismen haben besondere Bedürfnisse, die, damit sie am Leben bleiben, befriedigt werden müssen. Tritt im organismischen System ein Mangel auf, wird das Zu-Wenig aufgefüllt, tritt ein Überschuß auf, wird das Zu-Viel ausgeschieden. Dieses primär biologische Phänomen wird bezeichnet als "Organismische Selbst-Regulation".

Lao-Tzu im "Buch vom Rechten Wege":

"Des Himmels Weg mindert, was zuviel hat,
Und füllt auf, was zuwenig hat." *34

Der Organismus ist bestrebt, ein Gleichgewicht zu erhalten, das ständig gestört wird durch seine Bedürfnisse und wiederhergestellt durch deren Befriedigung.
Dieses Prinzip der Organismischen Selbst-Regulation ist jedoch nicht zu verstehen in Instinkt-theoretischem Sinne, in dem das Wirken einer mechanisch strukturierten Kette von Reflexen angenommen wird, die den Menschen roboterhaft nur in einer vorbestimmten Weise sich verhalten läßt. "Wir werfen die ganze Instinkt-Theorie über den Haufen", sagt Perls, "und verstehen den Organismus einfach als ein in sich balanciertes System" *35; jegliche Imbalance stellt eine unvollständige Gestalt dar und zwingt den Organismus, Mittel und Wege zu finden, das Gleichgewicht wiederherzustellen durch Befriedigung des Bedürfnisses, das die Störung verursacht hatte.
Beispielsweise nehme ich ein Flüssigkeits-Defizit im Körper als Durst wahr. Ich denke etwa an ein Glas Wasser, um diese Imbalance im Organismus auszugleichen und stehe dann auf, um es mir zu holen. Indem ich das Wasser trinke, stelle ich das ursprüngliche Gleichgewicht innerhalb des Organismus wieder her.
Organismische Selbst-Regulation ist der fortwährende Verlauf des Wahrnehmens organismischer Bedürfnisse, des Erkennens der Mittel möglichen Ausgleiches, sowie zielgerichteten Handelns hin zu befriedigendem Schluß. Sich für die Dauer seiner Existenz immer und immer wiederholend, ist dieser Prozeß das Leben des Organismus. Es ist der dynamische Kreislauf des Auftauchens eines Bedürfnisses, der entsprechenden Bildung einer Gestalt, sowie deren Ver-Nichtung und ihrem Verschwinden durch die Befriedigung des Bedürfnisses, -was Raum schafft für das Auftauchen des nächsten Bedürfnisses, der Bildung einer neuen Gestalt, und so fort.

Dieser Prozeß wird in der Buddhistischen Lehre "samsara" genannt, das "Rad des Lebens", das sich dreht im endlosen Kreise von Schöpfung und Vernichtung, in einer ewigen Folge von Geburt und Tod.

"Der zunehmende Mond
Wird voll und verschwindet,
Und nichts bleibt zurück;
Aber doch,
Da im Morgengrauen,
Der zunehmende Mond." (Ikkyu) *36

Um Mitternacht die helle Sonne

Wenn ein Gestalt-Prozeß sich schließt in der Befriedigung des in ihm wirkenden Bedürfnisses, kehrt der Organismus in seinen ursprünglichen Zustand des Balanciert-Seins zurück, in dem weder ein Mangel herrscht, noch ein Überschuß. Der Organismus hat in diesem Moment nichts Besonderes im Blick, seine Aufmerksamkeit fixiert sich auf nichts,-das "Nichts" des "nirvana".
Es ist dies ein Augenblick, wie Fritz Perls es beschreibt, der "gesegneten Ruhe", wie das Nachschwingen eines Tuns, in dem man mit vollstem Herzen dabei war (und ist), wenn "tiefe Befriedigung sich ausbreitet in Körper, Geist und Seele." *37
In dieser frei-fliessenden Vergegenwärtigung, nachdem eine Gestalt vernichtet ist, und bevor eine neue beginnt, sich zu formen, befindet sich der Organismus an einem Nullpunkt, offen für alle kreativen Möglichkeiten des Feldes, -was immer kommen mag. Aus diesem "Zustand" des undifferenzierten Bewußtseins heraus klärt er das wahrgenommene Feld ab, das heißt, er differenziert es in seine verschiedenen Aspekte, so daß diese zusammenfließen können in integrale Ganz-heiten, in sinnvolle Gestalten.
Dieses Abklären und Unterscheiden des Feldes erwächst aus einem fortschreitenden Differenzieren seiner Aspekte in gegensätzliche Pole. Man kann sich des Unterschiedlichen nur bewußt sein im Bewußtsein seiner polaren Natur; Licht wird wahrgenommen in Bezug zu Dunkelheit, Wärme in Beziehung zu Kälte. Ein Aspekt ohne sein polares Gegenüber könnte nicht existieren, so wie es kein "links" gibt ohne ein "rechts", kein "oben" ohne "unten" und so fort.

Sagt das Tao-Te-King:

> "Gegensatz ist dem rechten Weg der Antrieb,
> Nachgiebigkeit ist dem rechten Weg das Mittel:
> Die Welt der abertausend Geschöpfe lebt vom Sein,
> Das Sein aber lebt vom Nichts." *38

Die Idee differenzierenden Denkens lernte Fritz Perls vermittelt durch Sigmund Friedlander kennen. Er übernahm dessen Gedanken, daß "was immer sei, sich in Gegensätze differenziere", und setzte es in explizite Beziehung zu der alten Taoistischen Lehre des "Wu-Gi" und des "T'ai-Gi". Das durch einen einfachen Kreis symbolisierte "Wu-Gi", das "Letztgültige Nichts" stellt den Urzustand der absoluten Un-Differenziertheit dar, der sich in der Kreisbewegung des "T'ai-Gi", des "Letztgültigen Höchsten", symbolisiert durch die symmetrisch aufeinander sich beziehende Anordnung der polaren Kräfte "Yin" und "Yang", in seine Gegensätze differenziert.

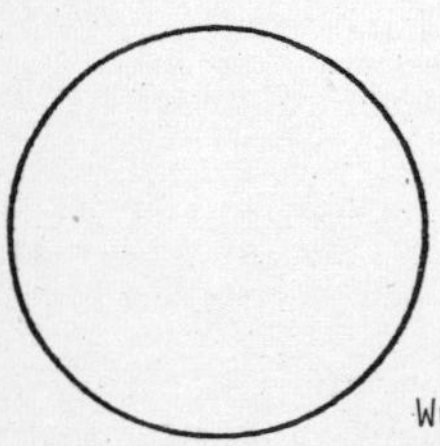

Wu-Gi

T'ai-Gi

Die zwei Punkte im Diagramm des "T'ai-Gi" symbolisieren, daß jeder der Pole in sich bereits als Keim sein Gegenüber trägt. Die Existenz eines Ereignisses bringt aus sich und zu sich sein Gegen-Teil in Existenz.

Im Verlaufe des Sich-Differenzierens eines Ereignisses aus seinem Null-Punkt, seinem "Nichts" (Wu-Gi) heraus, wird eine gebildete "These"(Yin) opponiert von dem ihr innewohnenden Widerspruch, der ihre "Anti-These" (Yang) formt. Die dynamische Interaktion zwischen den beiden Polen (Yin/Yang) funktioniert als ein dialektischer Prozeß, um in Begriffen des deutschen Philosophen Fichte zu sprechen, in dem diese in eine sie transformierende "Synthese"(T'ai-Gi) verschmelzen, in der sie nicht mehr als Absolute erscheinen, die unterschiedlichen Kategorien zugehören, sondern in ihrer Relativität als zwei Seiten ein und desselben Phänomens, als komplementäre Aspekte eines gemeinsamen Ganzen, einer Gestalt.
Diese Vereinigung der Gegensätze ist nun mehr, als eine nur äußerliche Umfassung ihrer; es ist eine diese überschreitende Geburt eines völlig Neuen.

"Das 'Dies' ist auch das 'Das'.
Das 'Das' ist auch das 'Dies'.
...Daß das 'Das' und das 'Dies' aufhören,
Gegensätze zu sein,
Ist der Wesenskern des Tao." (Chuang-Tzu) *39

Dieses Paradox des Chuang-Tzu läßt sich verstehen als der dialektische Prozeß der Gestalt-Formation, in dem ein Ereignis sich in seine polaren Gegensätze differenziert, um eben durch diese Auseinandersetzung in all seinen Aspekten zur Berührung zu kommen und integriert werden zu können. Diese Integration, um im Bilde Taoistischer Vorstellung zu bleiben, ist das Sich-Runden des "T'ai-Gi" und damit das Zurückkehren zur neuen Leere des "Wu-Gi", aus der heraus das nächste Ereignis, der nächste Prozeß des Differenzierens stattfinden kann.

Lao-Tzu:

"Die abertausend Geschöpfe nehmen Form an
Und erheben sich zum Tun,
Ich aber sehe sie zurückkomen zu ihrem Ursprung:
Wie die Natur, die blühend erwächst,
Aber zurückkehrt zur Erde, aus der sie entstammt." *40

"Die Welt der Gegensätze zu überschreiten" *41, ist, in den Worten Daisetz Suzuki´s, das höchste Ziel aller spirituellen Traditionen des Ostens. Die gesamte Buddhistische Lehre dreht sich um dieses Realisieren der "Einheit allen Seins", der Welt des "acynthia", des "Nicht-Geteilt-Seins", in der alles erscheint als reine "So-heit".

Ein altes Zen-Gedicht:

"Beim Dunkelwerden
Kündet der Hahn
Die Morgendämmerung.
Um Mitternacht,
Die helle Sonne." *42

In der Leere des "Wu-Gi" ist das Feld un-differenziert. Es herrscht völlige Einheit von Organismus und Um-Welt.
Nichts passiert.

Diese "Nicht-heit" ist indes keineswegs ein absolutes Vakuum; sie ist vielmehr voll von kreativem Potential, aus dem heraus das Kommende sich gebiert.
Bankei, der große Japanische Zen-Meister, nennt sie "fusho", den "Urquell aller schöpferischen Möglichkeiten." *43

Die Gestalt-Theorie bezeichnet sie als "Nullpunkt der Normalität", um den herum der Organismus seine Balance erhält, und ohne den er nicht funktionieren könnte.

Ein Flüssigkeits-Defizit im Organismus, um an das weiter vorne gebrauchte Beispiel anzuknüpfen, wird nur wahrgenommen in Bezug zum Nullpunkt der Normalität. Um die Imbalance zu korrigieren, erfolgt ein Prozeß des Differenzierens in ein "Wasser-Minus" im Organismus und ein "Wasser-Plus" in der Umwelt.
Das Wasser zu trinken ist die Integration des "Plus" und des "Minus" und somit die Rückkehr in den Null-Zustand der Balance.

Ein plötzlicher Schauer

Befriedigende Bildung und Ver-Nichtung von Gestalten ist das Grundlegende gesunder organismischer Bewegung, der Fähigkeit, "erfolgreich" mit jeder gegenwärtigen Situation "umzugehen".

Um nun seine eigene Null-Balance zu kennen, und um zu finden und sich zu verschaffen, was nötig ist, auftretende Imbalancen auszugleichen, muß der Organismus sich bewußt werden seiner selbst sowie der Welt. Nur dadurch kann er sich befähigen, jedwelche Phänomene innerhalb und außerhalb seiner so wahrzunehmen, wie sie sich im jeweiligen Moment zur Erscheinung bringen. "Diese Fähigkeit bedeutet Gesundheit." (Perls) *44

Die oben skizzierte Bewegung des Gestalt-Prozesses legt nahe, daß der Organismus sich nur auf jeweils ein auftauchendes Ereignis auf einmal beziehen kann. Da aber ganz offensichtlich nicht nur je ein Bedürfnis, sondern eine ganze Reihe davon gleichzeitig organismische Imbalance verursacht, hat der Organismus in jedem gegenwärtigen Moment zu "beurteilen", welches am "Wesentlichsten" ist, welchem er sich also vornehmlich zuwenden soll.
Perls weist darauf hin, daß das von einem "Überlebens-Standpunkt" aus gesehen jeweils "dringlichste Bedürfnis die Kontrolle und organismische Regie übernimmt." *45
In unserem Beispiel würde die Wahrnehmung des Flüssigkeits-Defizites, des Durstes, sofort in den Hintergrund zurücktreten, wenn etwa ein feuer im Hause ausbräche; mit dieser "Überlebens-bedeutsameren" Situation umzugehen, würde zum vordergründigen Brennpunkt von Aufmerksamkeit und Tun werden. Nach dem Löschen des Feuers könnte ich daran gehen, meinen nun wieder auf sich aufmerksam machenden Durst zu löschen.

In freier, gesunder Gestaltungs- und Selbst-Gestaltungsbewegung taucht das Wichtigst "von selbst" auf, formt eine Gestalt und nimmt Vorrang ein vor jeder anderen Aktivität; es geschieht, wie Alan Watts es beschreibt, auf spontanste Weise, "...wie ein Aufstoßen in mir." *46
Das "Urteil" des Organismus, was im Augenblick am dringlichsten ist und unmittelbare Aufmerksamkeit erfordert, ist der Prozeß der sogenannten "spontanen Dominanz". Es ist dies nicht das Ergebnis eines Abwägens von "Fürs" und "Widers", sondern vielmehr ein fliessendes Sich-Hinwenden des Organismus an das,was gegenwärtig an der Spitze der Bedürfnis-Hierarchie steht, -in gelassenster Selbst-Verständlichkeit. In Gegensatz zu rein kognitivem Eine-Entscheidung-Treffen ist "spontane Dominanz" ein gesamtorganismisches Bevorzugen, -das Sich-Ent-schliessen geschieht von Selbst.

Zen-Meister Otsuyu:

> "Ein plötzlicher Schauer, -und welche Eile,
> Die Leute denken an nichts,
> Als wie ihre Köpfe bedecken." *47

> "Man kann", sagt Fritz Perls, "den Organismus übernehmen lassen, ohne sich einzumischen, ohne zu stören. Wir können uns verlassen auf die Weisheit des Organismus..." *48

Dieses Vertrauen in die Weisheit des Organismus, das Sich-Hingeben an die selbst-regulierenden Kräfte der Natur, ist alles, worum es der östlichen Lehre geht. Es ist das "Eins-Werden mit dem Universum", von dem die alten Meister sprechen, das "Fliessen in der Strömung des Tao".

Zen nennt es "tzu-jan", das "Sein in undisziplinierter Spontaneität", ein Sein, das den Weg der "satori"-Erfahrung eröffnet.

"Diese Erfahrung", wie Meister Hisamatsu sagt, "mag sich einstellen, mag sich einstellen, wenn du dem Leben erlaubst, seinen eigenen Weg zu gehen, wenn du nicht versuchst, es in eine bestimmte Richtung zu lenken, es zu kontrollieren, zu manipulieren, wenn du es keiner Zucht unterwirfst..." *49

In undisziplinierter Spontaneität zu leben und sich ganz dem zu überlassen, was immer gerade geschieht, bedeutet freies, gesundes Lebensgestalten; man nimmt Erfahrungen einfach so an, wie sie kommen, und erschließt sie sich ebendarin als ureigenste Selbst- und Weltgestaltung.

Ein Haikku-Poem von Meister Yayu:

"Der Schmetterling, ah,
Rastet auf dem Tempelgong.
Bis 'dong' er ertönt." *50

Die typische weise des Zen, Erfahrenes unmittelbar in kleinen Gedichten oder Aphorismen zum Ausdruck zu bringen, -einfach so wie´s ist, nicht mehr und nicht weniger, hat eben diese Qualität des Spontanen, das völlig frei ist von jeglicher künstlichen Reflexion oder Abstraktion.

"Die Fische im Fluß,
An friedvollem Sommertag,
Schnappen Libellen." (Yaha) *51

Im 17.Jhdt.u.Z. wurden diese kleinen Gedichte in eine besondere künstlerische Form gegossen, das "haikku", einen exakt 17-silbigen Dreizeiler, der in einer sich selbst transzendierenden Vereinigung von Spontanität und Rhythmus wie nicht sonst das ganz besondere Spüren des Zen zu vermitteln vermag.

Um spontan mit aus dem Felde Auftauchendem mitfliessen zu können, ist es unabdingbar, sich seines Null-Punktes bewußt zu werden, das heißt, "leer" zu sein.
Eine alte Geschichte erzählt folgende Begebenheit:

Nan-In, ein japanischer Meister der Meiji-Ära empfing einen Universitäts-Professor, der kam, um etwas über Zen zu erfahren.
Nan-In servierte Tee.
Er goß den Tee in die Tasse seines Besuchers und hörte nicht auf zu giessen, selbst als die Tasse schon übervoll war.
Der Professor sah dem Überlaufen zu, bis er sich nicht mehr zurückhalten konnte:
"Sie ist übervoll! Es geht nichts mehr hinein!"
"Wie diese Tasse", sagte Nan-In, "seid Ihr voll von eueren eigenen Meinungen und Spekulationen. Wie kann ich Euch Zen zeigen, bevor Ihr nicht Euere Tasse geleert habt ?!" *52

Nur aus solcher "Leere" heraus kann die sich entwickelnde Gestalt sinnvoll sich beziehen auf das aus dem Feld Hervortretende, und ist nicht eingeengt oder begrenzt durch irgendwelche vorgefassten Konzepte, Vor-Urteile oder fixen Ideen.
Eine Gestalt, die sich nicht frei bilden und entfalten kann, kann schlechterdings das ihr zugrundeliegende Bedürfnis nicht befriedigen.

Meister Ikkyu:

"Wenn du den Kirschbaum /
Aufbrichst /
Wo sind die Blüten? /
Aber im Frühling /
Sieh´, wie sie blüh´n." *53

Geh´ weiter

Um "satori" zu erlangen, wie ein Zen-Sprichwort sagt, "...gibt´s weiter nichts zu tun, als den Kopf zu verlieren" *54, was bedeutet, daß authentisches und befriedigendes Da-Sein sich nur einfindet, wenn die jeweiligen Gestalten sich bilden aus dem, was der gesamte Organismus frei bevorzugt, anstatt nur aus dem, wofür rein kognitiv, aus welchem Grunde immer, eine Entscheidung gefällt worden ist.

Meister Tilopa im Tibetanischen "Buch der Sechs Regeln":

"Kein Gedanke,
keine Reflexion,
keine Analyse,
keine Übung,
keine Absicht:
Laß´ es sich selbst dartun." *55

Dasselbe gilt für den Fall eines "Interessen-Konfliktes", wenn zwei oder mehrere Gestalten gleichzeitig aufzutauchen scheinen, unklar und verschwommen, und jede davon Aufmerksamkeit und aktive Zuwendung beansprucht. Die organismische Energie nun auf beide oder mehrere dieser unausgegorenen Gestalten aufzuteilen bedeutet, daß diese schwach und diffus bleiben. Keine kann klar in den Vordergrund treten und die ungeteilte Aufmerksamkeit auf sich ziehen: Befriedigung bleibt aus.
Ebenso fatal wirkt der Versuch, für nur eine der unabgeklärten Gestaltten eine bloß rational oder sonstwie "begründete" Entscheidung zu treffen, -ein Kurzschluß des natürlichen Prozesses der Organismischen Selbst-Regulation, der zu einem künstlichen Ergebnis führt, das nichts mehr zu tun hat mit dem, worum es eigentlich geht. Das jeweils ursprüngliche Bedürfnis, und mit ihm die organismische Störung, bleibt bestehen.

Der Ch'an Mönch Yuen-Men, auf die Frage, welcher Weg zu wählen sei:

"Geh´weiter!" *56

Der gestörte, neurotische Organismus kann sich nicht mehr frei aus den jeweiligen Bedürfnissen der gegenwärtigen Situation heraus gestalten, sondern reagiert "mechanisch", entsprechend irgendwelchen vorgefassten Konzepten oder Ideen. Die zusammenhängende organismische Intelligenz, die Intuition, ist verdrängt von ihrer kognitiven Komponente, dem Intellekt, -das heißt, nur ein Teil des Organismus ist in den Prozeß einbezogen. Die sich formenden Gestalten sind entsprechend aufgespalten und können die ihnen zugrundeliegenden Bedürfnisse nicht voll widerspiegeln, was letztlich nur zu einer teilweisen, das heißt unbefriedigenden Lösung führt. Unerledigte Gestalten häufen sich auf.
"Unfinished business", wie Fritz Perls es nennt, ist eine "organismische Verdauungsstörung" *57; der Organismus bekommt Verstopfung als ein Ergebnis der Unterbrechung des freien Wirkens.

Zwei Mönche, Tanzan und Ekido gingen einst auf einer Reise eine lehmige Landstraße hinunter.
Es regnete in Strömen.
Als sie an eine Wegkreuzung kamen, trafen sie dort auf eine junge Frau im Seidenkimono, die nicht über die völlig aufgeweichte Straße gehen konnte.
"Los, junge Frau", sagte Tanzan auf der Stelle, nahm sie auf den Arm und trug sie über den schlammigen Weg.
Ekido schwieg, bis sie am Abend dieses Tages einen Tempel erreichten.
"Wir Mönche gehen nicht in die Nähe von Frauen," sagte er schließlich, "besonders nicht, wenn sie jung und liebreizend sind. Das ist gefährlich. Warum hast du das getan?"
"Ich habe die Frau an der Kreuzung gelassen," sagte Tanzan, "-trägst du sie immer noch?" *58

In seinem Mangel an Leichtigkeit (ease) kann der gestörte Organismus (dis-ease) nicht mehr frei umgehen mit dem, was die gegenwärtige Situation bringt. Der offene Ausdruck des Bedürfnisses ist gehemmt, wodurch dieses weiterhin im Vordergrund bleibt und dabei jede andere Erfahrung stört und überschattet.
Ein Berg unabgeschlossener Situationen staut sich an.

Nachtragend zu sein, wie Fritz Perls sagt, "...ist die nicht abgeschlossene Situation par excellence. Wenn du nachtragend bist, steckst du fest, ...du kannst weder loslassen noch wirst du´s los." *59

Kein Bedürfnis kann vergessen oder unterdrückt werden, -nur sein Ausdruck kann es. Das Bedürfnis selbst bleibt untergründig wirksam als "unfinished business", und wird so zur Triebfeder all der Zwanghaftigkeiten und "Besessenheiten", die so üblich sind in gestörtem Verhalten.
Diese "Besessenheiten" sind Versuche des Organismus, nicht zu sich gekommene Gestalten der Vergangenheit zu einem Abschluß zu bringen.

Der größte Teil angeblich "irrationalen" oder "unbewußten" Verhaltens läßt sich verstehen als versteckte Agenda des Organismus, organismische Selbst-Regulation herzustellen auf einer tiefergehenden und befriedigenderen Ebene.

Wenn hungrig, esse ich

Gestalt-Therapie sieht die herkömmlichen Theorien über das "Unbewußte" als unbrauchbar an, ja als sogar hinderlich für therapeutische Arbeit.
Die Psyche des Menschen, so die traditionelle Lehrmeinung, sei strukturell gespalten in zwei unvereinbar voneinander getrennte Bereiche, -den des "Bewußten", des klaren Verstandes, und den des "Unbewußten", jener finsteren Macht, die für all die Irrationalität verantwortlich sei, der man ständig unterliege.

Dieses fragmentierende Verständnis menschlichen Seins unterscheidet sich sehr von der ganzheitlichen Sicht des Gestalt-Ansatzes.
Unbestreitbar ist wohl allenthalben zu beobachten, daß Menschen sich in für sie selbst vielmals unbegreiflicher Weise verhalten, getrieben von unerschließlich anmutenden Notwendigkeiten. Ihr Selbst sieht sich als aufgespalten in eine Unzahl von Teilen und abgetrennt von der Welt, -recht übliche Leidens-Erfahrungen neurotischen Lebens.
Es ist ist indes gerade die scheinbare All-Gegenwärtigkeit dieser neurotischen Selbst- und Welt-Erfahrung, die diese zum Maßstab "normalen Funktionierens" werden läßt: Das Aufgespalten-Sein in getrennte und einander widerstreitende Bereiche erscheint als von Natur aus so angelegt, anstatt als das, was es ist, als organismische Erkrankung.

In Gegensatz zu der trennenden Vorstellung des Getrennt-Seins des Menschen in zwei oder mehr unversöhnliche Wesenheiten sieht Gestalt-Therapie den Menschen als natürlicherweise fähig, in Harmonie und Balance mit sich und der Welt zu leben.
Das klassische psychoanalytische Konzept einer substantiven und statischen Dychotomie des "Bewußten" und des "Unbewußten" weit hinter sich lassend, ist in Gestalt-Therapie die Rede von einem dynamischen Prozeß einer einheitlichen Gestaltungs-Bewegung, in dem Aspekte des Feldes in den Brennpunkt des Bewußtseins treten und wieder aus ihm zurückschwinden, -entsprechend der Gegebenheit der jeweiligen Situation. Im Gestalt-Prozeß bleibt das, was nicht Gestalt wird, Teil des Feldes, -außerhalb des Bewußtseins. Es formt sich zu keiner Gestalt, entweder weil es nicht relevant ist für die gegenwärtige Situation, oder weil es aktiv, mit Aufwand entsprechender Energie, aus dem Bewußtsein herausgehalten wird.

> "Diese Herangehensweise", wie Joel Latner es beschreibt, "erlaubt es uns, unsere Bedürfnisse, unsere Träume, all unsere Phantasien und Schöpfungen in unser tägliches Leben zu integrieren. Sie sind nicht künstlich Fabriziertes aus irgendeiner finsteren Domäne unserer Seele..." *60

Die Aufgabe von Therapie kann es also nicht sein, das "triebhafte Unbewußte" dem "willentlichen Bewußten" zu unterwerfen, sondern es geht vielmehr darum, sämtliche Erscheinungsweisen des Selbst in seinem fortlaufenden Prozeß zu integrieren, -organismische Selbst-Regulation herzustellen.

Die orthodoxe Freud´sche Hypothese des "Unbewußten" als dem Urgrund von Irrationalität und Triebgeschehen wird zurückgewiesen, oder eher umgekehrt in C.G.Jung´s Denken, der das "Unbewußte" sieht als den "Sitz der tiefsten Quellen der Weisheit". Jung kommt damit dem Gestalt-Verständnis sehr nahe, das den Organismus an seinem Nullpunkt undifferenzierten Bewußtseins beschreibt als im Begriffe seines vollsten schöpferischen Potentiales.

Zen nennt das "Unbewußte" den "Alltäglichen Verstand". ***

> Meister Po-Chang, von einem der Mönche befragt, was denn gemeint sei mit "Alltäglichem Verstand", antwortete:
> "Wenn hungrig, esse ich;
> wenn müde, schlafe ich." *61

Dieser "Alltägliche Verstand" oder die "Rechte Achtsamkeit", wie es in der Buddhistischen Lehre heißt, ist der Zustand organismischer Balance, der indifferenten Offenheit, für welche Gestalt immer auftauchen mag.

In ständiger Berührung zu sein mit der sich entwickelnden Gestalt bedeutet, sich stetig und fortwährend dessen bewußt zu werden, was im aktuellen, gegenwärtigen Feld vor sich geht.
Ein gesunder Mensch ist in gänzlicher Berührung mit sich und der Welt, voll gewahr dessen, was ist. Im Osten ist dieses Gesund-Sein bekannt als "Erleuchtung".

Die gestörte Person hingegen hat diesen bezug zur Wirklichkeit verloren und lebt nun in einer Welt der eibildungen, -ohne sich dieser Einbildungstätigkeit bewußt zu sein. In der östlichen Philosophie wird diese Welt als "maya" beschrieben, die "Welt der Täuschung", in der Konzepte und fixe Ideen für Realität gehalten werden.

Ziel der therapeutischen Arbeit ist die Lüftung und das "Ausräumen" dieses Bereiches der "maya", der vollgestopft ist mit Vor-Urteilen, Komplexen, Meinungen. Gestalt-Therapie hält sich nicht damit auf, nun all die Inhalte dieser Einbildungswelt in ihre Einzelteile zu zerlegen und diese zu interpretieren; sie richtet ihr Augenmerk vielmehr direkt auf das tätige Wiederherstellen von Selbst-Bewußtsein und Welt-Bewußtsein.

Entgegen der herkömmlichen Auffassung der Psychoanalyse sieht Gestalt-Therapie Phantasieren zudem nicht als "pathologisch" per se. Es ist der Mangel an bewußtsein, der eine Person neurotisch macht, das Nicht-mehr-unterscheiden-Können zwischen dem, was real, und dem, was illusionär ist.

Eine bewußt unternommene Traumreise ist Therapie.

Wie es in einem alten Sprichwort heißt:

> "Träume nicht dein Leben,
> sondern lebe deinen Traum."

*** Es geht hier nicht um "Verstand" in "europäischem" Sinne als universaler Rationalisierung von allem und jedem, sondern als einer wahrnehmenden Vergegenwärtigungstätigkeit.

Realität ist, was immer im gegenwärtigen Augenblick existiert, die Erfahrung dessen, was ist, jetzt gerade.

Ein Zen-Sprichwort:

"Phänomene sind wirklich,
Und Wirklichkeit ist phänomenal." *62

Gestalt-Therapie hält die Aufmerksamkeit unmittelbar auf die gegenwärtige Situation gerichtet, was, wie Fritz Perls sagt, dem Konzentrieren auf ein "koan" gleichkommt, auf einen dieser Zen-Sprüche, die so völlig unbegreifbar erscheinen:

"Nichts existiert außer dem Hier und Jetzt." *63

In diesem Hier-und-Jetzt zu leben bedeutet, gesund zu sein; das Bewußtsein ist im gegenwärtigen Moment, im gegenwärtigen Gestalt-Prozeß. Der Organismus ist in Berührung mit allem Existierenden, was seine freie und befriedigende Selbst-Vergegenwärtigung erzeugt und sichert.

"Er wartet", wie der Buddhistische Lehrer Nyaponika Thera dies beschreibt, "ruhig auf die Dinge der Zukunft vor seinen Augen zu erscheinen, in Gegenwärtiges sich zu verwandeln, und wieder in die Vergangenheit zu entschwinden." *64

Der Organismus bleibt im gesunden Augenblick der Gegenwart.

Neurose, Nicht-Gesundheit dagegen, heißt, in der fiktiven Glaubenswelt des Nicht-Realen zu leben, in der Illusion von Vergangenheit oder Zukunft, und sich täuschend diese für wirklich zu halten.
In den Worten von Nyaponika Thera:

"...wieviel Energie wird vergeudet in nutzlosem Denken an die Vergangenheit, in sentimentalem Sich-Zurücksehnen nach vergangenen Tagen, in ewigem Bedauern und Nachtrauern, und in der geschwätzigen Wiederholung immer derselben Gedanken und Worte... Von gleicher Wertlosigkeit ist das Denken an die Zukunft, eitle Hoffnungen, phantastische Pläne und leere Träume, grundlose Ängste und unnötige Sorgen. All dies wiederum Ursache vermeidbaren Kummers und vermeidbarer Enttäuschung." *65

"Maya", wie es in Buddha´s "Erhabenen Wahrheiten" heißt, die illusionären, an allem gegenwärtigen vorbeitäuschenden Bereiche von Vergangenheit und Zukunft, sind der Grund allen Leidens und Unzufriedenseins des Menschen.
In einem Vers des "Pali Kanon", der ältesten Schrift der "Theravada"-Schule spricht Buddha die folgenden Worte:

"Häng´ nicht vergang´nen Dingen nach,
Und für die Zukunft heg´ nicht eitle Hoffnung:
Vergangenheit liegt hinter dir,
Noch nicht gekommen aber ist die Zukunft." *66

Die Vergangenheit ist nicht mehr, und die Zukunft noch nicht.
Vergangene Vorfälle jedoch und Erwartungen an Künftiges scheinen trotzdem sehr lebendig zu sein in tatsächlichem Erleben, -unvollendete Gestalten, die in ihrem Streben nach Abgeschlossen-werden fortfahren, in der Gegenwart herumzugeistern.
Die Fessel des "karma" von der in der östlichen Philosophie allenthalben die Rede ist, und die es zu lösen gilt, ist nichts anderes, als unser altes "unfinished business" das endlich erledigt werden muß.

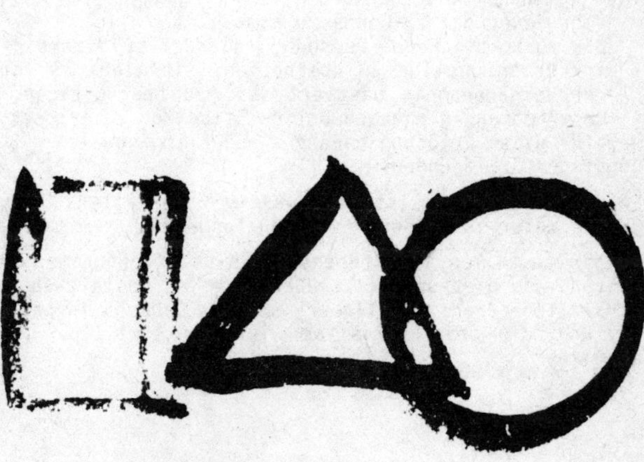

Warum nicht warum

Eine der Gestalt-Therapeutischen "Techniken" ist die dramatisierende Vergegenwärtigung des Vergangenen oder Zukünftigen, -etwa in der Aufforderung an den Klienten, sich so tief als irgend möglich in seine Erinnerungen oder Phantasien hineinzuversetzen und diese in den verschiedenen Rollen, die dabei vorkommen, schau-zu-spielen, mit entsprechend expressiver Gestik und Körperlichkeit selbst-redend, so daß sie, dergestalt ver-sinn-licht, in ihrer gegenwärtigen Aktualität erfahren werden können.
Und nur, wenn sie gegenwärtige Aktualität haben, sind sie von Bedeutung. Erinnerungen an die Vergangenheit oder Erwartungen an die Zukunft geschehen im gegenwärtigen kontext und beziehen ihre Bedeutung aus ihm.

In den Worten von Zen-Meister Huang-Po:

"Das, was vor dir ist,
Ist es,
In all seiner Ganzheit,
Absolut vollständig." *67

Das Verständnis, daß effektive Therapie nur im Rahmen eines gegenwartsbezogenen Herangehens zu verwirklichen sei, war der entscheidende Punkt in Fritz Perls´ Distanzierung von der streng vergangenheits-orientierten Psychoanalyse
Er wurde darin bestärkt durch seinen intensiven Bezug zu Wilhelm Reich und dessen revolutionären Ideen. Reich hatte in seiner "Charakteranalytischen Arbeit" entdeckt, daß eines Patienten erinnerungen begleitet sein müssen von entsprechendem Gefühlserleben, um therapeutischen Wandel zu ermöglichen, und hatte daher sein Hauptaugenmerk gerichtet auf das Wachrufen von Emotionen.
Perls übernahm diese Erkenntnis als Grundprinzip für seine Arbeit und setzte die "Bewußtseins-erweiternde Erfahrung eines psychodramatischen Zurückkehrens zu einem vergangenen Vorfall" klar ab von "emotional vermeidendem 'mind-fucking'". *68

Einer Person Geschichte, für sich und abgeschieden von einer Vergegenwärtigung betrachtet, ist für Gestalt-Therapie von keinerlei Interesse. Es gibt nicht nur keine versteckten "Schlüssel-Erlebnisse", die man ausgraben muß, um angemessen mit der Gegenwart umgehen zu können; vielmehr ist jegliches Herumbohren in der Vergangenheit gerade die Verhinderung, mit der Gegenwart zu Rande zu kommen.

> "Die zurückblickende Person", sagt Perls, "vermeidet, Verantwortung für ihr Leben und Tun zu übernehmen; sie zieht es vor, irgendwas, das in der Vergangenheit passiert ist, zu beschuldigen, anstatt Schritte zu unternehmen, die gegenwärtige Situation zu erlösen." *69

Und für diese Erlösung bedarf´s weder irgendwelcher Schuldzuweisungen noch sonstiger Erklärungen.

Selbstverständlich ist gegenwärtiges Verhalten "verursacht", jedoch die Gründe dafür zu wissen, hat noch lange nichts mit Veränderung zu tun.

Im Hintanstellen von "Lebens-Geschichte" zugunsten der unmittelbaren Erfahrung des Hier-und-Jetzt überschreitet Gestalt-Therapie die naturwissenschaftliche Tradition linear-kausalen Denkens in Begriffen von Ursache-und-Wirkung, die charakteristisch ist für sämtliche herkömmlichen Therapiemodelle.

Eine alte Geschichte erzählt von Buddha´s Verweis, den er einem Schüler erteilte , der fortwährend intellektuelle Antworten forderte auf Fragen wie der nach der "Natur des ersten Ursprunges".
Buddha erklärte, das Verlangen dieses Schülers sei vergleichbar dem eines Mannes, der, verwundet von einem Giftpfeil sich weigere, den Pfeil herausziehen zu lassen, bevor er nicht alle Einzelheiten darüber wisse, warum man auf ihn geschossen habe.
"Spekulation", fährt Buddha fort, "kann nur zu weiterer Spekulation führen, ohne die Möglichkeit irgendeiner Lösung." *70

Fritz Perls, in seiner recht erdverbundenen Sprache beschreibt dies so:

"Das Warum ergibt bloß eine endlose Fragerei nach der Ursache der Ursache der Ursache der Ursache der Ursache der Ursache.
Kein Wunder, daß die ganze Hetzjagd der Psychoanalytiker, herauszufinden, warum ich nun mal grade so bin, wie ich bin, nie zu einem Ende kommen kann..." *71

Bestenfalls führt die Frage nach dem "Warum" zu kognitiven Erklärungen oder Rationalisierungen, -nicht aber zu organismischem Be-greifen und somit zu keiner Lösung.

Wie Buddha sagt:

"Ungeteiltes Vordringen zum tiefsten Sinn,
Kann nicht erfolgen durch den Verstand." *72

Was so viele vergessen haben

Der gegenwarts-zentrierte Ansatz der Gestalt-Therapie spiegelt sich wider in ihrem Bestreben, ein "Bewußtseins-Kontinuum" herzustellen. Es geht dabei darum, die Aufmerksamkeit auf das im gegenwärtigen Feld des Bewußtseins jeweils sich Abzeichnende zu richten, und, und das ist das Wesentliche, dabei zu bleiben.

Zen-Meister Dabai:

"Was kommt,
Dem soll man nicht ausweichen.
Was geht,
Dem soll man nicht nachfolgen." *73

Dem grundlegenden Gestalt-Prinzip zufolge tritt das dem Organismus jeweils Wichtigste stets "von selbst" in den Vordergrund.
Wenn nun diese natürliche Gestalt-Formation unterbrochen oder verhindert wird, schleppen wir "bald hunderte und tausende unerledigter Situationen mit uns herum, die ständig nach Abschluß verlangen." (Perls) *74

Um der jeweils sich bildenden Gestalt gerecht werden zu können, muß der Organismus kontinuierlich des sich gegenwärtig abspielenden Prozesses gewahr sein. Nur aus diesem Bewußtsein des Gegenwärtigen heraus kann er sich frei entfalten.

Der Gestalt-Begriff des "Bewußtseins-Kontinuums" findet seine Entsprechung in Buddha´s "Heiligem Achtfachen Pfad", in der Stufe der "Rechten Achtsamkeit", die, wie Nyaponika Thera es ausdrückt,

"...ausschließlich befasst ist mit der Gegenwart. Sie lehrt, was so viele vergessen haben, -mit vollem Bewußtsein im Hier und Jetzt zu leben. Sie lehrt uns, die Gegenwart zu sehen, ohne zu versuchen, in Gedanken zu entfliehen." *75

Ein junger Mönch sprach Meister Yuean-Wu an:
"Ich möchte die Wahrheit kennenlernen.
Sagt mir gütigst, wo ich anfangen soll."
Der ehrwürdige Meister antwortete:
"Kannst du den Wasserfall hören, der vom Bergesgipfel stürzt?"
Der Mönch sprach:
"Ich höre ihn deutlich."
Darauf sprach der Meister:
"Dann fang´ genau da an!" *76

Indem sie den Brennpunkt der Aufmerksamkeit ausschließlich auf das augenblicklich Gegenwärtige richtet, ist die Gestalt-Therapeutische Arbeit eine moderne Version der alten Buddhistischen Lehre von der "Rechten Achtsamkeit", die, wieder in den Worten Nyaponika Thera´s,

"...den Menschen loslöst von den Fesseln der Vergangenheit, die er törichterweise sogar noch fester zuzuziehen im Gange ist, indem er ständig zu ihr zurückblickt mit Augen voll der der Sehnsucht, des Nachtrauern, des Ärgers. Rechte Achtsamkeit verhindert zudem, daß man sich in eingebildeten Ängsten und Hoffnungen an Zukünftiges kettet.
Dergestalt stellt Rechte Achtsamkeit die Freiheit des Menschen wieder her, die sich nur finden läßt in der Gegenwart." *77

Die Feststellung, daß Zurückblicken auf Vergangenes eben dessen Verstärkung darstellt und somit eine Verhinderung des befreienden Bewußtseins des Gegenwärtigen, findet eine Parallele in Fritz Perls´ Kritik an der Psychoanalyse, die "...in ihrer Überzeugung, daß die Vergangenheit umzugraben das alleinige Heilmittel für Neurose sei, bloß dem Widerstand des Patienten in die Hände arbeitet, der Gegenwart ins Auge zu sehen." *78

"Authentische Spontaneität", sagt Perls, "ist nicht so leicht gewonnen. Wir können nur spontan werden durch äußerste Disziplin" *79, -ein Paradox, das sich auch Im Innersten taoistischen Denkens findet:

"Um zusammenzudrängen,
wird man sicher erst ausdehnen.
Um zu schwächen,
Wird man sicher erst stärken.
Um zu erniedrigen,
wird man sicher erst erhöhen.
Um zu nehmen,
wird man sicher erst geben.
Dies nennt sich subtile Weisheit." (Lao-Tzu) *80

Man kann zur Spontaneität freien organismischen Lebens nur gelangen durch die Disziplin eines fortlaufend Sich-bewußt-Werdens des gegenwärtigen Moments, des "Jetzt".

Es ist dies die für das bushi-do-Training des Samurai erforderliche Disziplin, absolut wachsam zu sein allem gegenüber, was vor sich geht.

Gestalt-Therapie wurde ursprünglich von Fritz Perls als "Konzentrations-Therapie" bezeichnet, was darauf hindeutet, daß er ungeteilte Aufmerksamkeit auf das gegenwärtige Feld als das Entscheidende therapeutischen Wirkens sah.

In der "Technik" des Erzeugens eines "Bewußtseins-Kontinuums" wird der Klient angewiesen, auszudrücken, was immer er gerade in diesem Moment erfährt, -vergleichbar einer in Worte gefassten Meditation.
Von Augenblick zu Augenblick aufzumerken auf das, was vor sich geht, scheint sehr einfach zu sein: Diese kontinuierliche Aufmerksamkeit heißt jedoch, daß der Organismus sich unmittelbar dem "unfinished business" zuwenden kann, das ihm am dringlichsten ist; und dies bedeutet, daß man früher oder später auf "Mißliebiges" stoßen wird, -etwa auf nicht zum Ausdruck gebrachten Ärger. ***
An diesem kritischen Punkt wird man den Fluß des Jetzt-Bewußtseins unterbrechen, in dem Bestreben, diese Unannehm-lichkeit zu vermeiden; "dann", wie Perls es ausdrückt, "fängt man plötzlich an zu intellektualisieren, Scheiße zu verzapfen, -die Flucht in die Vergangenheit, die Flucht in Erwartungen..." *81
Die Einheit ist verloren.

*** Das angeführte Beispiel beschreibt nur einen Aspekt des weiten Spektrums klinischer Phänomena und nur einen möglichen Weg gestalt-therapeutischen Damit-Umgehens.

Mit der fixen Idee im Kopf, freundlich und nett zu jedermann sein zu müssen, wird man das Bewußtsein des Gegenwärtigen in dem Moment unterbrechen, in dem das "unakzeptable" Gefühl von Ärger oder Wut auftaucht:

"Ich soll dir an die Gurgel springen wollen ???"

Da nicht sein kann, was nicht sein darf, wird die Wut einfach ent-fernt, nicht mehr wahrgenommen. Man schneidet das mißliebige Gefühl des Wütendseins gewissermaßen aus sich heraus, und in dem so entstandenen Loch innerhalb des Selbst bastelt man sich ein künstliches Verhaltens-Konstrukt zurecht, mit dem man nun so tut, als ob man die erwünschte oder verlangte Eigenschaft tatsächlich hätte:

"Genau besehen mag ich dich ja ganz gerne, -ich mag überhaupt alle gerne..."

Das ursprüngliche Bedürfnis, Ärger auszudrücken, bleibt unbefriedigt, die Gestalt folglich unerledigt und virulent.

Der ganze Zweck dieser sehr üblichen Vermeidungsstrategien und -manipulationen ist, den "status quo" aufrecht zu erhalten, dafür zu sorgen, daß ja alles beim alten bleibt, etwa nach dem Motto:

"Lieber die Sicherheit der gewohnten Misere, als das Risiko von was Neuem..."

Katastrophen-Phantasien in Hinblick auf die Konsequenzen ehrlichen Verhaltens hindern einen daran, echt zu sein:

"Wenn ich so wäre, wie ich wirklich bin, -oh Gott, der Teufel wäre los..."

Fritz Perls nennt dieses "Falsche-Spielchen-Treiben" die "Sigmund-Freud-Schicht" der Neurose, in der der Mensch es aufgegeben hat, in einer Welt zu leben, in der er sich verwirklichen könnte, und stattdessen lebt für die Verwirklichung eines vorgefassten Selbst-Images.
Dieses künstliche Selbst-Bild setzt sich zusammen aus hinuntergeschluckten äußeren Anforderungen und unverdauten Idealen, "wie man sein sollte", bzw. "wie man nicht sein darf"; es ist dies, was Freud das "Über-Ich" nannte, eine autoritäre Institution, gemeinhin auch bekannt als Gewissen.

Gestalt-Therapie nun differenziert diese "als-ob"-Phantasien in ihre gegenüberliegenden Aspekte, das heißt, sie bringt das jeweilige "Über-Ich" in seine notwendigerweise bestehende polare Beziehung mit einem "Unter-Ich". "Wieder einmal", wie Fritz Perls bemerkt, "hat Freud bloß die halbe Arbeit geleistet. Er hat den Topdog gesehen, das Über-Ich, aber den Underdog hat er übersehen, der genauso herumtanzt auf der Bühne neurotischer Phantasie." *82

Der Topdog zeichnet sich aus durch aggressive Rechthaberei; er weiß immer genau, was getan werden muß, oder nicht getan werden darf. Seine perfektionistischen Anforderungen versucht er durchzusetzen mit Androhungen von Bestrafung oder Katastrophen:

"Wenn du nicht, dann..."

Der Underdog dagegen ist ein hinterlistig-schlauer Saboteur, der mit Vorliebe manipuliert; seine Tricks sind ein schwanzwedelndes Das-Blaue-vom-Himmel-Herunterversprechen, dann ein ewiges Sich-Entschuldigen, daß es nicht klappt, bisweilen begleitet von nervtötendem Heulsuse-Spielen und Ähnlichem. Er leistet dem "du sollst" des Topdog Widerstand mit "ich will nicht", -in der Verkleidung von "ich kann nicht":

"Ich versuch´ mein Bestes, aber es geht einfach nicht..."

Dieser Mangel an Integration schafft auch die altbekannten Spaltungen von Körper-Geist, Selbst-Welt, Himmel-Hölle, und so fort.
"Diese Aufspaltungen", wie Jim Simkin sagt, "existieren als solche nicht in Wirklichkeit, sondern nur als Konzepte, -werden aber rigide verfochten, als würden sie wirklich existieren." *83

Die äußeren Anforderungen stehen in Widerstreit miteinander, oder mit der Vorstellung der eigenen Bedürfnisse, -der finstere Bann "maya´s"; sämtliche Energie des Organismus wird verbraucht in der endlosen Fehde des Neurotikers mit sich selbst, Gott und der Welt.

Der im 6.Jhdt.u.Z. lebende Ch'an-Meister Seng-Ts'an rät in seinem berühmten Gedicht des "Hsin-Hsin-Ming", der "Abhandlung über das Vertrauen in das Herz:

"Der vollkommene Weg ist schwer nur für die,
die stets aussuchen und wählen.
Habe nicht gerne und ungerne,
dann wird alles klar sein.
Ein haarbreiter Unterschied,
und Himmel und Hölle sind getrennt.
Wollt ihr die Wahrheit klar vor euch seh´n,
so seid nie "für" oder "gegen".
Der Konflikt zwischen "für" und "gegen",
das ist die Krankheit des Geistes." *84

Die neurotische Person ist aufgespalten in diese gegensätzlichen Kräfte, die in ihrem pausenlosen Bestreben, einander zu kontrollieren, ein Leben der ständigen gegenseitigen Frustration verbringen. Es ist dies die übliche Selbst-Quälerei, das endlose Selbst-Benörgeln und Selbst-Kritisieren, das herauskommt in den ebenso unentwegten wie vergeblichen Unterfangen, was anderes zu sein, als man ist.
In der Regel wird diese chronische Selbst-Frustration damit gerechtfertigt, daß man sie für unvermeidlich und gar notwendig erklärt auf dem Wege der Selbst-Entwicklung.
Jeder Anlauf, den Forderungen des Topdog zu entsprechen und sich "weiterzuentwickeln", sich zu "verändern", wird sofort unterlaufen von einem gegensätzlichen Impuls des Underdog; und umgekehrt wird jedes Sich-abfinden-Wollen mit dem Underdog verhindert durch einen umgehenden Topdog-Anspruch.
Nichts ändert sich, außer daß das Schuldgefühl ansteigt, und man einem Nervenzusammenbruch immer näher kommt.

"Wenn du bestrebt bist,
Deine Weisheit zu vermehren,
Deinen Charakter zu kultivieren,
Wirst du in´s offene Messer laufen." (Chuang-Tzu) * 85

Trotz dieser, im tagtäglichen Leben sich bewahrheitenden Warnung des Chuang-Tzu, sich nicht irgendwelchen Anforderungen, wie "man sein sollte", anzupassen, macht man unbeirrt weiter mit seinen So-Tun-als-ob-Spielchen, -gleichwohl es ständigen inneren Konflikt mit sich bringt und permanente Frustration.

In den Worten von Tao-Yen:

> "Ein falsches Zur-Schau-Tragen guten Benehmens, nicht spontan und natürlich, ist nichts als Heuchelei...es bedeutet Kampf und Anspannung, ohne irgendetwas zu erreichen." *86

Berge unabgeschlossener Gestalten türmen sich auf.

Es ist dies der Zustand des Jammers, von dem Buddha in seiner Lehre der "Erhabenen Wahrheiten" spricht, darauf hinweisend, daß all diese Misere bedingt sei durch das Sich-Anklammern an illusionäre Konzepte und Ideen, anstatt sich der Wirklichkeit zu stellen.

Faule Tricks

Um das Leid der Selbst-Entfremdung zu überkommen und wieder eins zu werden mit sich und der Welt, gab Buddha in seinem "dharma" Hinweis und Rat.

Kurz nach seinem Tode schon wurde seine Lehre jedoch in ein immenses System moralistischer Regeln und Gebote umformuliert, -ein Schicksal, das wohl allen spirituellen Meistern im Osten wie im Westen widerfährt. Ungeachtet dessen, wie "richtig" oder "angemessen" diese Verhaltensregeln und -kodices im Einzelfalle auch sein mögen, stellen sie doch nichts anderes dar, als eine weitere Form von außen kommender Anforderungen von "Du sollst!" und "Du sollst nicht!), die, indem sie "Gewissen" werden, umgehend ihre sie selbst neutralisierende Gegenkraft erzeugen, -just eine neue Auflage des alten Spiels neurotischen Selbst-Peinigens.
Die Lösung aller Probleme versprechend, sind sie gerade deren Ursache und Verstärkung, -eine Tatsache, auf die Buddha seine Anhänger immer und immer wieder, -vergeblich, hinwies.

An der Klarheit Taoistischen Denkens orientiert, war das Hauptanliegen von Zen, eine radikale Reinigung des Buddhismus zu bewirken, all die Dogmata und Theorien und Konzepte loszuwerden, die sich um Buddha´s Wort herum angehäuft hatten und zur ursprünglichen Einfachheit des "dharma" zurückzukehren.
Zen´s Aufmerksamkeit richtet sich rein auf den Prozeß der Selbst-Verwirklichung; da diese "Suche des Selbst nach dem Selbst" eine absolut individuelle und subjektive Angelegenheit ist, kann es selbst-verständlich keine allgemein gültigen Maßregeln oder Richtlinien geben.
Und es ist genau diese Freiheit von jeglichem Dogmatismus und Konzeptionalismus, was Fritz Perls vornehmlich an Zen faszinierte, und was denn auch die wesentliche Verwandtschaft ausmacht zur existentialistischen Nicht-Gebundenheit des Gestalt-Selbst-Verständnisses.
Sich gesammelt auf das beziehend, was ist, kann weder der Gestalt- noch der Zen-Weg zu einem blutleeren Konzept oder festgefügten System verkrusten; Gestalt und Zen stellen den pulsierenden, ständig sich wandelnden Prozeß des In-der-Welt-Seins dar, -sie sind das Leben selbst.

Meister Shih-T'ao sagt in seinem Werk des Hua-Yü-Lu:

> "Begreift man das Wirken des Universums,
> Bedarf es keiner Richtschnur mehr." *87

Um freie und ungehinderte organismische "Wahl" zu haben, muß man sich des gegenwärtigen Feldes voll bewußt sein.
Der Schwerpunkt der Gestalt-Therapeutischen Arbeit liegt daher auf dem Erweitern des Bewußtseins, -in erster Linie in Hinblick darauf, was es vermeidend eben aus seiner Bewußt-Werdung heraushält.
Gestalt-Therapie unternimmt keinen Versuch, direkt irgendwelchen Wandel zu bewerkstelligen. Wenn eine Person, sich ihrer Vermeidungen voll bewußt, vorzieht, die abgespaltenen Teile ihrer selbst nicht zu assimilieren, so ist das ihre Wahl und Entscheidung und somit absolut in Ordnung. Die Vermeidung selbst wird zur Gestalt, oder, wie James Dublin es formuliert, "...man wählt Pathologie als Teil seines Lebensstils." *88

In den Worten Fritz Perls´:

> "Wenn´s dir Spaß macht, ein Sauertopf zu sein, wenn du es akzeptierst, dann ist das völlig o.k., weil du dann Verantwortung übernimmst für das, was du tust." 89

Zen-Meister Yuen-Men drückt dies so aus:

"Beim Gehen geh´!
Beim Sitzen sitz´!
Vor allem aber,
Schwanke nicht !" *90

(...das heißt, wenn´s dir Spaß macht zu schwanken, dann schwanke !)

In der therapeutischen Situation wirken einer Person Vermeidungsmuster genauso weiter wie überall sonst auch, -als sogenannte Symptome und Widerstände. Symptome sind unvollendete Gestalten, die, von der Person nur mühsam unterdrückt, ständig in irgendeiner Verkleidung oder Verzerrung an die Oberfläche drängen. Sie zeigen sich in Form verschiedener Kontaktstörungen, -in der Wahrnehmung, der Motorik, im emotionalen Ausdruck, oder in der art, auf die Welt zuzugehen und sich zu holen, was man braucht oder will, -in jedem Falle aber in direkt beobachtbarem, gegenwärtigen Verhalten.
Die Konzentration auf das symptomatische Verhalten im Hier-und-Jetzt führt unweigerlich auf die darin verborgene Gestalt. Beispielsweise spricht eine Person über irgendeine Erfahrung und zeigt dabei mehr oder weniger auffallend ein Nicht-Übereinstimmen von verbaler Äußerung und Körperausdruck, -das was sie sagt, "passt" nicht zu dem wie sie´s sagt: "Ich bin so froh...", begleitet etwa von einem Runzeln der Augenbrauen, einem Versteifen der Schultern, von Ballen der Fäuste und so fort.
In der Gestalt-Arbeit merkt der Therapeut auf der Person gesamte Kommunikation, nicht nur auf ihre verbalen Mitteilungen. Er beobachtet die ganze Gestalt, der Person Stimme, ihren Gesichtsausdruck, ihre Haltung und Gestik etc., sowie den Inhalt ihrer Worte, -und die Aspekte,die gegebenenfalls diskrepant erscheinen, die nicht "stimmig" sind. Diese auseinanderfallenden Aspekte deuten auf Schwierigkeiten der Person hin, ein organismisch befriedigendes Leben zu führen; sie zeigt von Augenblick zu Augenblick und en detail, wie sie vermeidet, in vollem Kontakt zu ihrer Aktualität zu sein.

Fritz Perls:

"Wir können kein Bedürfnis unterdrücken. Wir haben nur bestimmte Weisen, diese Bedürfnisse zum Ausdruck zu bringen, unterdrückt. Wir haben eine Seite abgeblockt, und so kommt es halt woanders raus, in unserer Bewegung, in unserer Körperhaltung, und vor allem in unserer Stimme. Alles, was eine Person auszudrücken hat, ist stets da." 91

Das vornehmliche Augenmerk der Gestalt-Therapie liegt auf diesem Abschneiden und Abgeschnitten-Sein von Teilen des Selbst. Damit Heilung wirksam werden kann, ist es nötig, daß die Person ein "In-sich-Integriert-Sein" erlangt, ein Sich-Identifizieren-Können mit all ihren Lebensaspekten und nicht nur mit einigen ihrer aufgespaltenen und aufspaltenden Ideen, Gefühlen oder Tätigkeiten. Das Ziel ist, "wieder eins zu werden."

Lao-Tzu:

"Der Tüchtige ist ent-schlossen,
Und nichts weiter." *92

Die Aufgabe des therapeutischen Prozesses ist es also, das Bewußtsein auf die zurückgewiesenen und entfremdeten Teile seiner selbst zu lenken, so daß es sich diese wieder aneignen kann.

Jim Simkin gebraucht gerne den Vergleich mit einem Kuchen, um die Notwendigkeit des Sich-Wiederaneignens von Teilen des Selbst zu verdeutlichen, die man als ungenießbar oder sonstwie unannehmbar betrachtet:

> "Gerade so wie das Öl, das Mehr oder das Backpulver jedes für sich recht widerwärtig schmecken können, -als Bestandteile des ganzen Kuchens sind sie unentbehrlich für dessen Gelingen." *93

Gestalt-Therapie richtet die Aufmerksamkeit auf die äußerste Oberfläche, auf das, was direkt und unvermittelt sichtbar ist. Sie geht nicht in die "Tiefe", um dort irgendwelche Erinnerungen oder Phantasien oder Symbole zu interpretieren, was wiederum nichts anderes wäre, als gerade die Vermeidung der Erfahrung dessen, was ist.

Im Versuch, die Bereiche des Nicht-Bewußtseins des Klienten, seine "blinden Flecken" anzusprechen und zu einer Reaktion anzuregen, schlägt Gestalt-Therapie eine Vielzahl von Experimentier-Möglichkeiten vor, die sich alle spontan aus der gegenwärtigen Situation ergeben.

Fritz Perls´ sehr kritische Haltung gegenüber therapeutischen Techniken, die er oft abtat als "faule Tricks" oder auch als "Krückstöcke", mag durchaus bestätigt worden sein durch seine Studien des Zen.
Mit Sicherheit war er hier beeinflußt durch seinen Lehrer Wilhelm Reich, der mit Leidenschaft erklärt hatte, es gebe "...für jeden einzelnen Patienten zu jedem einzelnen Zeitpunkt nur eine passende Vorgehensweise" *94, und daß diese erschlossen und entwickelt zu werden habe aus den jeweiligen individuellen Umständen. Reich wandte sich entschieden dagegen, daß der Therapeut dem Patienten je ein vorgefertigtes Schema überstülpe.

Allem seinen Lauf lassen

In der Gestalt-Arbeit lenkt der Therapeut die Aufmerksamkeit des Klienten nicht-interpretativ auf die beobachteten nicht-stimmigen Phänomene seines Verhalten und unterstützt ihn, sich dieser bewußt zu werden.
Im Prozeß weiteren Differenzierens ermutigt er ihn, in das hineinzugehen, was er gegenwärtig erfährt und sich darauf einzulassen, soweit er es jetzt gerade vermag. Er wird den Klienten etwa auffordern, die verschiedenen Seiten seines Konfliktes in einer Art Rollenspiel darzustellen, um diese miteinander in Kommunikation treten zu lassen, so daß ihm seine gegenwärtige Wirklichkeit unmittelbar-sinnlich sichtbar, hörbar, fühlbar werden kann. Indem er abwechselnd beide Positionen des Widerstreites einnimmt, kann er auch beiden erlauben, sich voll zu entwickeln; jede Seite erhält ihren Zu-Spruch, indem er in seinem Rollenspiel Verantwortung dafür übernimmt.
Der Effekt letztlich eines solchen "dialektischen Dialoges" zwischen den aufgespaltenen Bereichen des Selbst ist deren Wieder-miteinander-in-Kontakt-Kommen und damit das Eröffnen der Möglichkeit, Abgespaltenes zurückzugewinne und in neuem Kontext sich wieder anzu-eignen.

Im Ent-decken von bisher Vermiedenem, etwa von Wut, und im Experimentieren damit kommt man in Berührung mit Gefühlen der Angst, die hinter den Vermeidungen stehen und diese aufrechterhalten, mit all den Katastrophen-Phantasien von den Risiken authentischen Verhaltens.
Man beginnt verwirrt zu werden, -fühlt sich in zwei gegensätzliche Richtungen gleichzeitig gezerrt; auf der einen Seite ist der Drang, das ursprüngliche Bedürfnis, Wut zu zeigen, zu befriedigen, und auf der anderen Seite dessen Verhinderung durch die Angst, was passiert, wenn man´s tut.

Die Lebens-Energien sind blockiert in gegenseitiger Selbst-Neutralisation, -eine weitere Form des berühmten Selbst-Quäl-Dramas, das Topdog und Underdog inszenieren.
Es herrscht enorme Anspannung, aber keine Bewegung:
Man sitzt fest.
Man versteht überhaupt nichts mehr, -und gerade in dieser Aporie zeigt sich das Wesen der Neurose sehr deutlich: Wie Fritz Perls es ausdrückt, ist "...der Neurotiker der Mensch, der das Offensichtliche nicht sieht."*95

Dieser sogenannte "Engpaß" ist eine meist sehr schmerzliche Erfahrung, -was eben die Tendenz hervorruft, ihn zu vermeiden und sich in die üblichen So-Tun-als-ob-Spielchen zu flüchten.

Meister Lin-Chi nennt den Weg zur Erleuchtung "reine Nervensache": Es erfordere in allererster Linie den Mut, ohne weitere Verzögerung "allem seinen Lauf zu lassen." *96

Anstatt nun irgendwelche Änderungen anzuregen, ermutigt der Therapeut den Klienten, an der immer frustrierender werdenden Situation des Engpasses dranzubleiben und dem sich oft zu einem Gefühl der Agonie zuspitzenden Druck standzuhalten. Er ruft ihm dabei fortwährend ins Bewußtsein alle beobachteten Versuche, sich davonzumachen, die Gegenwart zu vermeiden, etwa wenn er anfängt, abstrakt <u>über</u> seine Erfahrung zu sprechen, anstatt direkt <u>aus</u> ihr und <u>mit</u> ihr zu kommunizieren.

Gestalt-Therapie beruht auf der Grunderfahrung, daß Bewußt-Sein eine Bewegung der Bewußt-Werdung und von daher verwandelns-fähig ist; da es die Aufmerksamkeit und das Tun des Organismus in die Richtung seines gegenwärtig vorherrschenden Bedürfnisses lenkt, stellt es seine gesunde Selbst-Regulation wieder her.

In Fritz Perls´ Worten:

> "Wenn du im Jetzt bist, kannst du keine Angst haben, da die Lebensenergie unmittelbar ins fortlaufende spontane Tun fließt. Wenn du im Jetzt bist, bist du erfinderisch. Wenn du deine Sinne beieinander hast, wenn du deine Augen und Ohren offen hast, findet sich die Lösung." *97

Zurück zum Engpaß:
Das Gefühl erdrückender Aussichtslosigkeit steigert sich immer mehr, es steigert sich ins schier Unerträgliche.
Und nun nicht davonzulaufen, sondern am "Jetzt" des Engpasses, so "tödlich" es auch sein mag, dranzubleiben, bedeutet, daß etwas Wundersames passiert:
Der Engpaß kollabiert, bricht in sich zusammen, und die gegensätzlichen Kräfte explodieren in eine Synthesis authentischen und organismisch stimmigen Verhaltens; die allem zugrundeliegende un-vollendete Gestalt birst voll ins Sein:

> "Da ist", wie Fritz Perls es beschreibt, "eine Explosion echter Trauer, wenn ein Verlust oder Tod nicht verdaut ist, eine Explosion in Orgasmus in Sex-blockierten Menschen, eine Explosion von Wut, und auch eine Explosion in Freude, Lachen, joi de vivre..." *98

Es ist dies eine kreative Offenbarung, in der das ganze Feld sich total um-organisiert, -eine Wiedergeburt des Selbst.
Dieses Erfahren eines Wieder-Vollständig-Seins, eins mit dem, was ist, ist die tiefste Essenz des Zen; es ist, was im Osten "satori" genannt wird, die "Kommunion mit der Existenz", die die Tore öffnet für Wachstum, oder vielmehr, die Wachstum <u>ist</u>. ***

In Bodhidharma´s berühmtem Aphorismus heißt es:

> "In seine eigene Natur schauend,
> Das Erlangen der Buddhaschaft." *99

Der Mensch erfährt die Seiten seiner selbst und der Welt, von denen er sich entfremdet hatte; er erfährt sich selbst gerade so, wie er wirklich ist, sein sogenanntes "Gutes" in Einheit mit seinem sogenannten "Schlechten". Und nur durch dieses Sehen und Werden, wer man ist, kann Wachstum eintreten.

*** "satori", ich möchte dies nicht unerwähnt lassen, muß durchaus nicht immer ein "welterschütterndes" Ereignis sein.
Oft ist es nur eine winzige Wendung, ein erster, kurzer Blick auf Neues, bislang Ungesehenes, Unerhörtes, ein erster zaghafter Schritt auf anderem Wege. Das einzige, was nun gilt, ist, dieses Neu-Entdeckte gleich "Hier und Jetzt" auszuprobieren, die neue Erfahrung zu spüren, wie sie "schmeckt und bekommt".

Mittel sind Zwecke

Das Paradox, daß Wandlung sich nur ereignet, wenn man wird, was man ist, und nicht, wenn man versucht zu werden, was man nicht ist, steht im Mittelpunkt von Gestalt-Therapie.

> "Verwandlung", wie Arne Beisser sagt, "findet nicht statt, wenn man angestrengt versucht, sich zu ändern, oder durch angestrengte Versuche eines anderen, Änderung herbeizuführen, sondern sie findet statt, wenn man sich die Zeit und die Muße nimmt, zu sein, was man ist.
> Verwandlung findet nicht statt durch Herumprobieren, durch Bemühung Überredung, ebensowenig durch Einsicht, Interpretation oder dergleichen mehr. Verwandlung ereignet sich vielmehr, wenn man, zumindest für den Augenblick, vernachlässigt, was man gerne werden würde, und sich darauf einläßt, zu sein, was man ist." *100

Wenn man mit seiner Wut im Bauche versucht, etwas zu werden, was man nicht ist, etwa freundlich, bleibt die Gestalt "Wut" unerledigt; sie bleibt im Vordergrund stehen und vermengt sich mit allen folgenden Gestalten.
Nichts geht mehr.
Man ist gefangen in einer Teufels-Spirale von Unerledigtem.

Wenn man hingegen wird, was man ist, anstatt dies zu vermeiden, kann die jeweilige Gestalt, die "Wut", sich zu einem befriedigenden Abschluß entfalten, so daß die Bühne frei wird für das Auftauchen der nächsten Gestalt.
Wachstum geschieht.

Therapie ist, den Dingen des Lebens ins Auge zu sehen, die man vor sich selbst versteckt hat; und in ihrer Ent-deckung verwandeln sie sich. Diese Verwandlung, -"satori", ist Heilung.

Meister Joshu, der große Ch'an-Abt des 8.Jhdts.u.Z., bezeichnet "satori" als "...das Allernormalste des Seins." *101
In Gestalt-Begriffen ist es das Abschließen von "unfinished business", das Zurückkommen des Organismus zu seinem Nullpunkt des Normalen; es ist der Organismus im Optimum seines Wirkens.

Diese Rückkehr in Balance ist zugleich ein Sich-Auflösen von Anspannung und daher begleitet von einem unmittelbaren Freigesetzt-Werden von Lebensenergie, von vitaler Potenz (Ch'i"). Es ist eine angenehme, befriedigende Erfahrung, selbst wenn das sich entwickelnde Bewußtsein von schmerzvollem Affekt sein sollte, wie etwa in Trauer.

Erich Fromm skizziert "satori" als

> "...einen Zustand, in dem der Mensch vollkommen eingestimmt ist auf die Realiät außerhalb und innerhalb seiner selbst, einen Zustand, in dem er sich voll dieser Realtität bewußt ist und sie voll erfasst. Er ist sich ihrer bewußt, das heißt, nicht sein Gehirn, noch sonst irgendein Teil seines Organismus, sondern er, der gesamte Organismus. Er ist sich ihrer bewußt, nicht als einem Objekt dort drüben, das er mit seinem Denken erfassen kann, sondern ihrer, der Blume, des Hundes, des Menschen, in ihrer jeweiligen vollen Wirklichkeit." *102

Diese Beschreibung des "satori" deckt sich mit dem Ziel der Gestalt-Therapeutischen Arbeit, -dem Erzeugen und Selbsterzeugen optimalen organismischen Lebens.

Von "Zielen" in Gestalt-Therapie oder Zen zu sprechen, bringt ein weiteres ihrer gemeinsamen Paradoxa zum Erscheinen:
Indem das Augenmerk sich auf das unmittelbare Hier-und-Jetzt des Erlebens richtet, wird jeglicher Versuch, ein dem Wege vorgesetztes Ziel zu erreichen, zu dessen Verhinderung.

Dieses Paradox muß man im Bewußtsein behalten, will man die "Techniken" und "Methoden" recht verstehen, die von Zen und Gestalt-Therapie angewandt werden, ihr "Ziel" zu erreichen.

Ein altes Zen-Sprichwort:

"Mittel sind Zwecke,
Und Zwecke sind Mittel." *103

Sehr so wie Gestalt-Therapie betrachtet Zen jegliches Konzeptualisieren als ablenkend, entfremdend und lebensfeindlich.
Seine "Methode der Methodenlosigkeit" *104, wie Bankei es nennt, besteht aus spontanen Handlungen oder Bemerkungen des Meisters, die des Schülers Aufmerksamkeit von seinem abstrakten Denken und Nachgrübeln über die Wirklichkeit hinlenken zur direkten Wahrnehmung des konkret Gegenwärtigen.

Ein Mönch fragte Joshu:
"Was ist Wahre Religion?"
Der Meister antwortete:
"Schau´, die Zypresse im Garten."
Aber der Mönch sagte:
"Das war nicht meine Frage.
Ich frage nicht nach der Zypresse im Garten.
Ich frage, was Wahre Religion ist."
Joshu schwieg eine lange Zeit.
Dann sagte er:
"Schau´, die Zypresse im Garten." *105

Die höchst befremdlich anmutenden, manchmal buchstäblich vor den Kopf stoßenden Antworten des Meisters, die nicht das Geringste mit der gestellten Frage zu tun zu haben scheinen, sind in gewissem Sinne wie Witze, die man entweder kapiert oder nicht. Die Pointe zu erklären hieße, die Lachwirkung, das "satori", zu verfehlen.

Eine weitere berühmte Geschichte erzählt von Tozan, der, gerade an seinem Spinnrad arbeitend, von einem Mönch gefragt wurde:
"Was ist echtes Verstehen?"
Der Meister antwortete:
"Drei Pfund Flachs." *106

Gerade der letzte Dialog zeigt einen unverkennbar Taoistischen Wesenszug des Zen: Erleuchtung bedeutet nicht Rückzug von der Welt in irgendwelche transzendente Sphären, sondern, ganz im Gegenteil, eine sehr tätige Teilnahme an alltäglichen Belangen.
Daß Zen gerade die allgegenwärtige Erfahrung des Alltäglichen ist, "wu-shi", kann von den alten Meistern gar nicht oft genug betont werden. Ihr Zuspruch liegt auf dem Erwecken und Erwachen inmitten des tagtäglichen Lebens, -und sie weisen dieses tattägliche Leben nicht nur als den Weg zur Erleuchtung aus, sondern als die Erleuchtung selbst:

"...wie wunderbar dies,
wie unergründlich:
Ich ziehe Wasser,
ich sammle Holz." (Basho) *107

Erleuchtung ist kein abgehobener Zustand, sondern ist die tätige Bewußtwerdungs-Bewegung von Selbst und Welt.

Meister Lin-Chi:

"Sei ganz wie du bist,
Und gib´ dich nicht asl etwas Besonderes.
Iß´ deine Nahrung,
Erleichtere deine Eingeweide,
Gieß´ Wasser nach,
Zieh´ deine Kleider an.
Wenn du müde bist,
Leg´ dich hin.
Unwissende mögen über mich lachen,
Der Weise aber wird mich verstehen." *108

Zen´s Betonung von Natürlichkeit und Spontaneität zeigt gewiß seine Taoistischen Wurzeln. Sein Innerstes ist jedoch rein Buddhistisch, -das Wissen um die Vollkommenheit der ursprünglichen Natur des Menschen und die Erkenntnis, daß die Erleuchtung nichts anderes ist, als die Erinnerung eben dieser Ursprünge, das Werden, was man war und ist von allem Anfang an.

Po-Chang, auf die Frage, wie denn die Buddha-Natur zu erlangen sei, antwortete:

"Es ist wie auf dem Stier zu reiten,
auf der Suche nach dem Stier." *109

Alles ist Hier-Jetzt, und dies zu Bewußtsein zu bringen, ist es.

Das Klatschen einer Hand

Die vorherrschende Schule des Zen im heutigen Japan ist die "Rinzai-" oder "Plötzliche Schule", eingeführt im 12.Jhdt.u.Z. von Meister Eisai, der die berühmten Klöster von Kyoto und Kamakura gründete.
Rinzai-Zen bedient sich hauptsächlich der Methoden des "mondo" und des "koan", -ein Weg des Lehrens, der seine eigenen Widersprüche auflöst in brilliant konsequenter Absurdität.
Dem Schüler wird vom Meister ein Problem aufgegeben, entweder in Form einer Antwort auf eine seiner Fragen (mondo), oder als Gegenstand, über den er zu meditieren hat (koan), -eine Art Rätsel in jedem Fall, das absolut unlösbar erscheint auf konventionell-intellektuelle Weise. In seiner irrationalen Formulierung und seinem paradoxen Inhalt dient es dazu, all die Programme und Konzeptualisierungen niederzureissen, die den Fluß der Wahrnehmung hemmen, so daß sich eine direkte und ungehinderte Erfahrung der Wirklichkeit erzeugen kann.
Der Meister bringt den Schüler geradewegs zu dem in Gestalt-Begriffen als "Engpaß" bekannten Punkt, wo er, wie Sheldon Kopp es ausdrückt, "...zu kämpfen hat bis er entweder verzweifelt <u>aufgibt</u>, oder <u>nachgibt</u>, und erleuchtet ist." *110

Ein klassisches "koan", gegeben von Meister Haquin, lautet:

> "Wir wissen, was das Klatschen zweier Hände ist.
> Was aber ist das Klatschen einer Hand ?" *111

Zen ignoriert völlig den individuellen Hintergrund des Schülers, ebenso wie den Inhalt seines gegenwärtigen Konfliktes. Das "koan" oder des Meister´s verblüffende Antwort auf eine Frage sind Mittel, den Schüler ohne Umschweife direkt in die Engpaß-Situation zu bringen, aus der es, wie Daisetz Suzuki es beschreibt, "...keinen logischen Ausweg gibt. Man kommt sich vor, als hätte man plötzlich einen Kurzschluß im Denken. Man zögert, man zweifelt, man ist zutiefst verunsichert und hin- und hergerissen, keine Ahnung habend, wie man den Wall durchbrechen soll, der so absolut undurchdringlich aussieht." *112

Anders als auf dem Wege des Zen, auf dem der Meister das "koan" vorgibt, an dem der Schüler herumzukauen hat, kommt in der Gestalt-Therapeutischen Arbeit der Klient in Berührung mit seinen eigenen, selbstgemachten "koans", mit den Paradoxien, die seinen inneren Konflikt ausmachen.
Die Absurditäten sind sehr ähnlich, und der Effekt ist der gleiche.

Das Lösen der augenscheinlichen Unlösbarkeit des "koan" verlangt vom Schüler äußerste Anstrengung in Konzentration und Bei-der-Sache-Bleiben. Es ist dieselbe Disziplin, die der Klient in Gestalt-Therapie aufbringen muß, sich auf die scheinbar ausweglose Situation seines inneren Kampfes einzulassen und sie auch auszuhalten.

Die frustrierende Erfahrung des Engpasses steigert sich in Agonie.
Daisetz Suzuki:

> "Wenn dieser Höhepunkt erreicht ist, wirft sich die ganze Persönlichkeit, der allerinnerste Wille, die tiefste Natur, wildentschlossen, die Situation zu klären, gegen den eisernen Wall des koan. Dieses Entgegenwerfen des gesamten Seins gegen das koan öffnet unerwarteterweise eine bislang unbekannte Region des Geistes.
> Intellektuell bedeutet dies die Überschreitung der Begrenzungen des logischen Dualismus, gleichzeitig jedoch ist es eine Regeneration, das Erwachen eines inneren Sinnes, der es einem erlaubt, Einblick zu erhalten in die Seinsverläufe der Wirklichkeit." *113

Alle "koans" haben eine mehr oder minder einmalige Lösung, -allemal einmalig für den Schüler, der sie zu finden hat.

> Ein Zen-Roshi oder -Meister, in der Hand einen Bambusstab, geht auf einen seiner Schüler zu mit folgenden Worten:
> "Schau´ genau, was ich hier in meiner Hand halte", beginnt der Meister. "Wenn du mir sagst, es sei ein Stab, werde ich dir ein´s damit überziehen. Wenn du mir sagst, es sei kein Stab, werde ich dir ein´s damit überziehen. Wenn du mir nicht auf der Stelle antwortest, werde ich dir ein´s damit überziehen. Nun frage ich dich also: Was ist es, das ich meiner Hand halte ?" *114

Ein Schüler, der innerhalb des Rahmens des gegebenen Problems bleibt und versucht, eine angemessene verbale Lösung zu finden, wird sehr wahrscheinlich einen ordentlichen Schlag auf den Kopf beziehen.

Es geht dem "koan" also darum, den Schüler zu Neuem, Ungewohntem zu provozieren; eine Lösung könnte sein, überhaupt keine Antwort zu geben und dem Meister einfach seinen Stab wegzunehmen.
Um einen Schüler aus seinen eingefahrenen Geleisen des Denkens buchstäblich herauszuschocken, gebraucht mancher Rinzai-Meister das sogenannte "Ho", einen plötzlichen lauten Schrei direkt in sein Ohr, oder auch einen unerwarteten Stockschlag auf seinen Kopf.
Eine Anekdote erzählt von Po-Chang´s "satori", das er erfuhr, als er auf eine Frage an Meister Ma-Tzu von diesem so angebrüllt wurde, daß er für drei Tage taub war.

Da Gestalt-Therapie ein völlig "offenes System" ist, ohne irgendwelche Begrenzungen in Hinblick auf seine "Technik", ist es durchaus denkbar, daß auch "mondo" oder "koan" in einer bestimmten therapeutischen Situation angebracht erscheinen können, etwa als Erwiderung auf rein abstraktes Verbalisieren eines Klienten.

Selbst die "Schock-Methode" könnte verwandt werden:

> Sheldon Kopp etwa beschreibt einen jungen Mann, der sich in einer therapeutischen Gruppensitzung in endlosen Erklärungen darüber ergeht, weshalb er denn nicht spontan sein könne, wieso es für ihn unmöglich sei, im Hier-und-Jetzt zu leben, und so fort und so fort.
> "...Ich bot ihm an, ihm auf der Stelle zu helfen. Wenn er offen wäre, mir für einen Augenblick zu vertrauen, könnte ich ihn lehren, sich selbst zu vertrauen; ich könnte ihm die Erfahrung des Hier-und-Jetzt ermöglichen, -spontan und kompetent.
> Das Angebot, sein Problem gelöst zu kriegen, ließ Melvin zunächst verständlicherweise zögern. Er beäugte mich mißtrauisch, erklärte sich auf Drängen der Gruppe hin aber bereit, es zumindest zu versuchen.
> Ich hatte während der ganzen Zeit eine brennende Zigarre in der Hand gehalten. In dem Moment, in dem Melvin einverstanden war, mir zu vertrauen, schnippte ich die qualmende Kippe quer durch den Raum gerade in seinen Schoß.
> Urplötzlich verwandelte sich seine weinerliche, lethargische, pomadige Art in höchst waches und wütendes Tun; er fing die glühende Zigarre mit Geschick auf, und mit einem Fluch 'Hol´ dich der Teufel', warf er sie mit Verve und Genauigkeit auf mich zurück.
> Seine Augen waren geweitet voller Erstaunen und Lebendigkeit. In sehr unüblicher Manier verkündete er: 'Ich hab´ noch einige andere Dinge hier in dieser Gruppe zu erledigen'. Er platzte mit lange zurückgehaltener Wut heraus gegen einen der anderen Männer in der Gruppe, und dann sagte er einer der Frauen, wie gern er sie hätte. Mit klarer Absicht durchquerte er den Raum und umarmte sie in ungehinderter Zärtlichkeit." *115

Es ist klar, daß diese "Techniken" nicht "technisch" geplant oder angewandt werden können; sie können nur spontan aus der gegenwärtigen Situation erwachsen.

Ohne Nachzudenken

Neben dem "koan" und den "Schock-Techniken" gebraucht Rinzai-Zen zahlreiche meditative Künste, wie etwa das Bogenschießen, die Tee-Zeremonie, die Tusch-Kalligraphie, als Medien, das Bewußtsein zum gegenwärtigen Moment zu bringen.
Man muß sich so völlig in seinem Tun auflösen, daß jegliches Nachdenken über das Tun verschwindet. Und nur in dieser Überschreitung allen Planens, aller Absichten und Ziele, wenn das Tun spontan und ohne Anstrengung aus der Mitte seines Da-Seins erwächst, -in Gestalt-Begriffen aus dem Null-Punkt des frei-fliessenden Bewußtseins, wird Kunst zu wirklicher Kunst, "kunstloser Kunst", wie Eugen Herrigel *116 sagt, zu einem direkten Ausdruck des Hier-und-Jetzt im Hier-und-Jetzt.
Es ist die in sich versammelte Kraft spontaner Intuition, die dem schöpferischen Tun des Künstlers die Qualität des Lebendigen, Künstlerischen gibt. Ist das Tun jedoch behindert durch Vorgefasstes, durch Pläne oder Konzepte, und fließt nicht mehr frei aus der Quelle integraler organismischer Intelligenz, wird es zu bloßem Künstlichem, zu Plastik.

Die Zen-Literatur beschreibt diese "künstlerische" Unmittelbarkeit als das Wesentliche des kompetenten Meisters, die Fülle seines angesammelten Wissens zu transzendieren in spontanes und kreatives Handeln, das direkt und ohne Umschweife dem Gegenwärtigen entspringt.

Das Vertrauen, sich über "Gelerntes" hinauswagen und von jeder neuen Situation auf´s Neue sich zusprechen lassen zu können, zeichnet auch den kompetenten Therapeuten aus, macht aus therapeutischem Handwerk Kunst.

Wie ein altes Zen-Sprichwort sagt:

"Zu wirken ohne Nachzudenken
Ist wahre Kunst." *117

So wie die freie Improvisation eines Musikers sich gründet auf diszipliniertestem Beherrschen seines Instrumentes, basiert allerdings die spontane Intervention des Gestalt-Therapeuten auf qualifiziertem therapeutischen Verständnis. Künstlerische Spontaneität erwächst aus der Perfektion im Umgang mit ihrer Technik, sowie deren Transzendenz.

Eine scheinbare Geringschätzung oder Verachtung intellektuellen Denkens zieht sich als grundlegender Tenor durch die gesamte Zen- wie auch Gestalt-Literatur. Die Perls´sche Bemerkung etwa, "...der Intellekt sei nichts anderes, als die Hure der Intelligenz" *118, was eine Art Anti-Intellektualismus zu unterstreichen scheint, ist jedoch keineswegs in diesem Sinne zu verstehen.
Es geht nicht um ein künstliches Ausklammern des Denkens, sondern vielmehr, wie James Stallone es ausdrückt, darum, das ewig-konfuse Hin-und-Her der Gedanken "...zu einem ruhigen Stillstande zu bringen" *119, aus dem heraus sie umso klarer, kraftvoller und kreativer in Erscheinung treten können.

Die vermeintliche Intellekt-Feindlichkeit der Gestalt-Therapie ist zudem zu sehen im Kontext eines weiteren Aspektes ihres Selbstverständnisses, dem Ansatz, die unterschiedlichen Funktionsweisen der beiden Hemisphären des Gehirns zu integrieren.
Neuzeitliche Forschungsergebnisse haben gezeigt, daß die linke Hirnhälfte in einem logisch-analytischen, "wissenschaftlichen" Modus arbeitet, während die rechte Hälfte in intuitiver, holistisch-wahrnehmender Weise wirkt.

Dem dominanten Kulturerbe des Westens zufolge wird auf die Entwicklung links-hemisphärischen Funktionierens, des "Männlichen", weitaus größerer Wert gelegt, als auf das Sich-Entfalten "weiblichen", rechts-hemisphärischen Wirkens.

Gestalt-Therapie nun richtet besondere Aufmerksamkeit auf In-Kontakt-Kommen und Experimentieren mit der vernachlässigten "rechten Welt", die eben nicht-intellektuell ist, nicht-logisch, nicht-analytisch.

Hakuin Zenji´s berühmtes "koan"-Gedicht gebietet links-hemisphärischem Denken unmittelbaren Einhalt:

"Gerade so wie Eis Eis ist,
Nicht Wasser,
So ist Illusion Erleuchtung.
Und Illusion und Erleuchtung
Sind verschieden,
Gerade so wie Eis und Wasser
Dasselbe sind." *120

Zen-Buddhismus mißt der Praxis des Za-Zen, der Sitz-Meditation, große Bedeutung zu. Za-Zen heißt, für lange Zeit in einer aufrechten Yoga-Position zu sitzen und sich auf den Fluß des Atems oder auf ein vorgegebenes "koan" oder auch auf "Nichts" zu konzentrieren.
In heutigen Zen-Gemeinschaften scheint das Exerzitium des Za-Zen zum einzig Wesentlichen geworden zu sein. Die Adepten sitzen schweigend und reglos, sitzen, sitzen, sitzen, -bis zu 18 Stunden täglich.

Das Üben des Za-Zen mag dem ein oder anderen sehr bedeutsam sein auf der Suche nach Einheit mit sich und der Welt, -es jedoch als das Wesentliche des Zen zu propagieren, wie ein Großteil der zeitgenössischen Zen-Lehre dies tut, ist ein völliges Abirren von dem, was Zen eigentlich ist.
Einfach zu sitzen und ruhig und kommentarlos wahrzunehmen, was gerade geschieht, ist die Erfahrung von Zen, -zu sitzen, um es zu erfahren, ist sein Verpassen.

Eine alte Geschichte erzählt von Meister Huai-Jang, der eines Tages zu Besuch in´s Kloster Ch'uan-Fa kam.
Ma-Tzu pflegte dort gerade die Meditation im Sitzen.
"Ehrwürdiger Freund", fragte Huai-Jang, "welchen Sinn hat das Meditieren im Sitzen?"
"Der Sinn", erwiderte Ma-Tzu, "besteht darin, ein Buddha zu werden."
Daraufhin nahm Huai-Jang einen Dachziegel und fing an, ihn an einem Fels zu scheuern.
"Was macht Ihr da, Meister?", fragte Ma-Tzu.
"Ich poliere ihn, um einen Spiegel daraus zu machen", sagte Huai-Jang.
"Wie kann aus dem Scheuern eines Dachziegels ein Spiegel entstehen?"
"Wie kann aus dem Meditieren im Sitzen ein Buddha entstehen?" *121

Der Glaube, daß im Sitzen eine besondere Tugend liege, ist Nonsens, oder wie Alan Watts sagt, "...ein Kleben an der Form." *122 Sitzen hat seinen natürlich ihm gebührenden Platz in einer Reihe mit stehen, liegen, tanzen, mit was immer man gerade tut oder nicht tut.

Der Ch'an-Meister Hui-Neng, der gegen Ende des 7.Jhdts.u.Z. dem berühmten Kloster Wang-mei-Shan am Berg-der-Gelben-Pflaume als Abt vorstand, wendet sich mit Nachdruck gegen ein aus dem normalen Leben herausgestelltes, besonderes Sitzen:
"Zwingt man den Körper dazu, für lange Zeit aufrecht zu sitzen, -von welchem Nutzen sollte das sein für das 'dharma' ?" *123

Fritz Perls bezeichnet das Za-Zen recht verächtlich als "Erziehung zur Katatonie" *124; er scheint diesbezüglich die Ansicht Hui-Neng´s zu teilen, der im T'an-ching sagt:

"Ein Lebender,
der sitzt und sich nicht niederlegt.
Ein Toter,
der daliegt und nicht sitzt.
Schließlich sind´s nur eklige Gerippe." *125

Selbstverständlich kann auch dem Za-Zen in der Gestalt-Therapeutischen Praxis ein gewisser wert zukommen.

In den Worten von Alan Watts:

> "Mag im Osten, was za-zen angeht, auch manchmal zuviel des Guten geschehen, für die übernervösen Köpfe und überhetzten Körper der Europäer und Amerikaner wäre ein gewisses Maß von 'Sitzen nur um zu sitzen' das Beste, was man sich denken kann." *126

Das mit dem Üben des Za-Zen verbundene Sich-wieder-Inne-Werden des eigenen Atems kann für den therapeutischen Prozeß äußerst wertvoll sein, -als ein erster Schritt hin zu neu sich entwickelndem KörperBewußtsein.
Ein Beispiel für die Unterdrückung motorischer Erregung ist das bekannte Blockieren der Atmung angesichts einer beängstigenden Situation: Erregt ist der Organismus in erhöhtem Sauerstoffbedarf; will man sich der jeweiligen Situation nicht stellen, muß die Erregung, der Fluß der Ch'i-Energie abgedrosselt werden, was durch ein unwillkürliches Anhalten der Atmung geschieht. Ist die Angst "chronisch", zeigt sie sich in einer den gesamten Brustkorb verengenden Kontraktion und Verhärtung der Bauch- und Brustmuskulatur. ("Angst" < lat."angustiae" = "Enge")
In der Therapie geht es nun darum, das "Verengte", Nicht-mehr-Fliessende im Organismus wahrzunehmen und wieder in Bewegung zu bringen, -wieder "zu Atem zu kommen".
Die traditionelle "Sitz-Meditation" und die ihr eigene Befreiung des Atems mag in einem besonderen Kontext ein mögliches Hilfsmittel sein; da Za-Zen jedoch lediglich ein beobachtendes Bewußtsein erlaubt dessen, was ist, nicht aber ein expressiv-aktives Aus-leben, bedient die Gestalt-Therapie sich in der Arbeit am Körper eher Neo-Reichianischer und BioEnergetischer Verfahren (Radix, Core, Rebirthing, Rolfing, e.a.)

Andere Arten der Meditation, insbesondere der "dynamischen", körperaktiven Formen (Kundalini, Nataraj, e.a.), werden im Gestalt-Therapeutischen Prozeß bisweilen eingesetzt, um den Organismus in seiner Leiblichkeit zu mobilisieren.
Einige Gestalt-Therapeuten verwenden in ihrer Arbeit sehr geläufig meditative Rituale jedwelcher spirituellen oder mystischen Tradition, etwa aus der unerschöpflichen Quelle des Tantrischen Buddhismus, wie beispielsweise die Konzentration auf besondere Laute (mantra) oder visuelle Zeichen (mandala).

Gestalt-Therapie ist jedoch nicht direkt befasst mit irgendwelchen "spirituellen" oder "transpersonalen" Aspekten von Meditation. Wie Zen geht es ihr rein um die gegenwärtige Erfahrung, ungeachtet dessen, wie diese nun bezeichnet werden mag.

Zen-Meister Dogen:

> "Da ist keine Kluft,
> Zwischen dem Spirituellen und dem Weltlichen." *127

Jede Technik ist "fair play" in Gestalt-Therapie, sofern sie als Bewußtseins-erweiterndes Experiment dienen kann.

> "Das Experiment", wie Josef Zinker unterstreicht, "muß nicht besonders tiefgründig oder ernsthaft sein, noch nicht mal genau passend; es kann theatralisch sein, witzig, metaphysisch, verrückt, humoristisch. Das Experiment gibt uns die Erlaubnis, Priester zu sein, Schelm oder Magier, Hure, Hexe, Heilige, -all die Dinge, Wesen und Weisen, die in uns stecken." *128

Gestalt-Therapie ist die Erlaubnis, schöpferisch zu sein; <u>keine</u> ihrer Methoden ist Schema oder Standard.

Fritz Perls äußerte sich stets sehr abfällig über den Gebrauch therapeutischer Techniken; gleichwohl sie geläufig eingesetzt würden in der tatsächlichen therapeutischen Arbeit, seien sie doch keinesfalls dafür erforderlich.
Seine starke diesbezügliche Abneigung war wohl begründet in seinen Erfahrungen mit dem rigiden Technologismus der Psychoanalyse, in der der Therapeut den Patienten in das Prokrustesbett einer festgelegten Methode zwingt, anstatt in der lebendigen Interaktion zwischen sich selbst und der individuellen Person und Situation zu bleiben, aus der heraus ein bestimmtes Vorgehen sich als angemessen ergeben mag.

In ihrem methodischen Völlig-unfixiert-Sein kommt Gestalt-Therapie der "Soto-Schule" des Zen sehr nahe. "Soto", die im 13.Jhdt.u.Z. von Meister Dogen eingeführte "Fortgeschrittenen-Schule" lehrt, daß alles, was immer man mit vollem Herzen tue, mit ungeteilter Aufmerksamkeit und Hingabe, den Weg eröffne zum Erfahren des "satori".

Es bedeutet Zen also, "...Jegliches vollkommen zu machen, -Fehler vollkommen zu machen, vollkommen besiegt zu werden, vollkommen Bauchweh zu haben, alles und jedes vollkommen zu machen, oder unvollkommen vollkommen." (Blyth) *129
Die Aufmerksamkeit liegt rein auf dem, was im gegenwärtigen Moment ist, was immer man auch gerade tut oder nicht tut, -und eben das ist "satori".

Meister Chen-Tao-Ke:

"Gehend in Zen,
Sitzend in Zen.
Sprechend
Oder Ruhig.
Bewegt,
Unbewegt.
Das Wesen ist stimmig." *130

Hier, wie in Gestalt-Therapie, ist der Weg zum Ziel bereits das Erreichen des Zieles selbst.

Sich den eigenen Arsch auswischen

Kommt jemand in Therapie, so kommt er in aller Regel, weil er Hilfe sucht für Veränderung. ***
Die meisten Therapie-Systeme nun nehmen dies als Legitimation, sich auf unterschiedlichste Weise daran zu machen, Veränderungen jedwelcher Art für die hilfesuchende Person herbeiführen zu wollen.
Der Psychoanalytiker etwa interpretiert das Verhalten seines Patienten, seine Träume, Übertragungen, etc., und erzählt ihm dann, was warum nicht richtig ist mit ihm, im Bestreben, durch die solchermaßen gewonnene "Einsicht" Änderung in ihm zu bewirken. VerhaltensTherapie dagegen bestraft einfach ""unerwünschtes" Verhalten, bzw. belohnt "erwünschtes", -simple Konditionierung oder Dressur.
Die Reihe der Abkömmlinge dieser traditionellen Therapie-Systeme ist endlos. Auf die ein oder andere Weise tun sie alle so, als wüssten sie, was "pathologisch" ist, und wie der Patient denn zu kurieren sei, wie man ihn an das anpassen könne, was "richtig" ist.
Wie sämtliche Religions-Systeme auch, tun sie dabei jedoch nichts anderes, als die inneren Konflikte, die sie vorgeben, auflösen zu helfen, weiter zu zementieren, oder, in der etwas saloppen Gestalt-Terminologie, den Widerstreit von Topdog und Underdog in alle Ewigkeit festzuschreiben.

Gestalt-Therapie läßt den Klienten selbst den Wandel herausfinden, den er für sich will, ebenso wie die Richtung und das Zeitmaß seines Unterwegs-Seins. Der Therapeut lehnt die Rolle des "Veränderers" radikal ab. Seine Aufgabe ist es, den Klienten zu ermutigen, zu sein, wo und was immer er gerade <u>ist</u>; er unternimmt nichts direkt "Veränderungs-Bewirkendes", sondern assistiert dem Klienten lediglich, sich dessen bewußt zu werden, was er gegenwärtig tut, und wie er es tut.
Sich seines Tuns bewußt werdend, wird der Klient alleine gelassen mit der Wahl und Verantwortlichkeit, damit fortzufahren, oder es zu verändern. Der Therapeut wird, was immer des Klienten Vorzug ist, die Möglichkeit anbieten, diesen weiter zu erforschen und damit zu experimentieren, bis die Person einen für sie rundum befriedigenden Lösungsweg gefunden hat.

Bei diesem Finden einer Lösung ist der Therapeut dem Klienten in keiner Weise behilflich. Manchmal, wie Fritz Perls sagt, muß er sogar "höchst unfreundlich sein, um freundlich zu sein." *131

> Ein Mönch bat Shifuku um Unterweisung.
> Shifuku stieß ihn zu Boden und schrie:
> "Solange ich hier lebe,
> habe ich noch nie einen Mönch geblendet." *132

Zu Zeiten, wenn der Klient Versuche unternimmt, den Therapeuten in Für-ihn-Denken, Für-ihn-Fühlen oder Für-ihn-Handeln hineinzumanipulieren, ist das am wenigsten Hilfreiche, was dieser tun könnte, hilfreich zu sein. Bob Resnick weist auf die gefährlichkeit der Therapeuten hin, die sich selbst als "Helfer" verstehen: "Wenn sie erfolgreich sind, bringen sie das Mensch-Sein in ihren Patienten um, indem sie ihr Wachstum unterbinden." *133 Selbst wenn sie´s noch so gut meinen, und ihnen das Wachstum ihrer Patienten ehrlichst am Herzen liegt, garantieren sie doch mit ihrer Hilfe dessen Verhinderung.

*** Die Verwendung des mask.Genus geschieht nur aus Gründen der Konvenienz

Der Unterschied zwischen freisetzender Unterstützung, wenn der Klient sie braucht, und "Hilfe" im genannten Sinne ist klar: Wie Bob Resnick sagt, bedeutet "...für den anderen zu tun, wozu er selbst in der Lage ist, die Garantie dafür, daß er sich nicht bewußt wird, auf seinen eigenen zwei Beinen stehen zu können." *134

In den Worten von Zen-Meister Obaku:

"Meitleid heißt
Das Nicht-erlöst-Werden des Menschen." 135

Der Klient wird versuchen, den Therapeuten auf trickreichste Art zu manipulieren, ihm aus dem Engpaß rauszuhelfen, etwa indem er taub spielt, oder stumm, indem er alles mißversteht, indem er weint, schreit, kreischt, oder sonstwie sich verrückt gebärdet.
Wenn der Therapeut nun auf die Manipulation hereinfällt und tatsächlich "hilft", hält er den Klienten mit Erfolg un-erwachsen.
Um Integration zu schaffen und Wachstum zu ermöglichen, ist es unabdingbar, daß der Klient, wie Perls sagt, "...seine eigene Drecksarbeit tut."*136
Die Aufgabe des Therapeuten ist es daher, jeden Versuch des Klienten radikal zu frustrieren, sich Unterstützung zu erpokern, -ihm so die Chance zu geben, sich selbst zu ent-decken.
Für Fritz Perls, wie er es in seiner poetischen Art ausdrückt, ist das Wesentliche der Gestalt-Therapie nichts anderes, als dem Klienten die Erfahrung zu ermöglichen, daß er "...sich den eigenen Arsch auswischen kann." *137

Der konfrontative, manchmal sogar recht rüde "Stil" der Gestalt-Therapie findet seine Parallele in der oft sehr harschen Art des Zen-Meisters, der seinem Schüler nicht die geringste Chance gibt für irgendwelches "mind-fucking".

Tokusan wurde von einem Mönch gefragt:
"Was ist Erlösung?"
Er antwortete:
"Hau´ bloß ab! Und bring gefälligst deine Scheiße nicht hierher!" *138

Zen-Geschichten wissen häufig zu erzählen von Meistern, die den Schüler gar mit einem Stock schlagen, um ihn von abstraktem Denken zur direkten Erfahrung des Hier-und-Jetzt zu bringen.

Meister Hsüeh-Feng wurde von einem Mönch angesprochen:
"Darf ich Euch fragen, was Euer Einsehen in Euere natur ist?"
Als Antwort schlug Hsüeh-Feng in dreimal auf den Kopf. *139

Selbstverständlich ist harsches Konfrontieren nicht ein allgemeines "Markenzeichen" von Gestalt-Therapie. Es ist dies nur <u>ein</u> möglicher Weg, auf dem der Therapeut dem Versuch des Klienten begegnen könnte, ihn in sein Hilflos-Spielen mit hineinzuziehen, -und er wird diese Umgangsweise auch nur dann wählen, wenn eine tragfähige Grundlage des Vertrauens zwischen ihm und dem Klienten es erlaubt.

Sheldon Kopp beschreibt das "Aikido" der Gestalt-Therapie, da zu sein wo´s der andere nicht erwartet: ***

"Den Patienten, der anfängt, in seine eigene Geschichte abzutauchen, muß der Therapeut immer und immer wieder zurückziehen zu dem, was Hier-und--Jetzt vor sich geht. Der hysterisch emotionale, überimpulsive Patient muß beruhigt werden, innezuhalten und sich zu besinnen, was er gerade tut, während dem obsessiven, sich paralysierenden Denker begegnet werden kann mit irrationalen Reaktionen, die ihn letztlich so sauer machen, daß er nicht länger zurückhalten kann. Patienten, die eingangs zu hart sind sich selbst gegenüber, sind sanft und behutsam zu behandeln, wohingegen sich selbst bemitleidende Winsler mit harschen Forderungen konfrontiert werden müssen, die keinen Fußbreit Spielraum lassen für irgendwelche Ausflüchte." *140

Der Gestalt-Therapeut, ebenso wie der Zen-Meister, beantwortet Fragen üblicherweise nicht direkt. Fritz Perls nennt Fragen "Haken" und spielt dabei auf die Tatsache an, daß das umgedrehte Fragezeichen wie ein Angelhaken aussehe; die meisten Fragen, so meint er, seien eben solche Angelhaken, vor denen der Therapeut sich in Acht nehmen solle, um nicht in seinem "hilfreich-sein" damit gefangen zu werden.

Ein altes Zen-Sprichwort:

"Alles Fragen
Ist das Vermeiden der wirklichen Antwort." *141

Keinerlei Information von außen, wie Perls sagt, kann ein "Erwachsen" bewirken, etwa "...dir von jemandem erzählen zu lassen, was deine Träume bedeuten, oder welche Verhaltensregeln die besten sind, oder wie die allgemeine Weltlage aussieht" *142; all das erzeugt nur zusätzlichen inneren Konflikt.
Anstatt eine Frage direkt zu beantworten, wird der Therapeut den Klienten vielleicht auffordern, seine Frage in eine Aussage umzuformulieren, so daß sichtbar werden kann, was sein persönliches Anliegen darin ist, was er gegebenenfalls zu vermeiden sucht.
Reginald Blyth trifft den Nagel auf den Kopf, wenn er sagt: "Wir alle wissen, was was ist, was zu tun und was zu lassen ist, aber durch unsere ewige Fragenstellerei machen wir uns weis, wir wüßten´s nicht." *143

Gestalt-Therapie begleitet den Klienten auf dem Wege, seine eigenen Heil-Quellen zu finden: Nur er selbst kann sich heilen, sich aus sich selbst heraus erwecken.
Lösung ergibt sich, wenn man "anwesend" ist, im gegenwärtigen Augenblick, sich seiner voll bewußt. "An unserem Bewußtsein zu arbeiten, lädt Lösungen ein", sagt Joel Latner, "-und das ist auch schon alles, was wir tun können". *144
So einfach und doch so schwer.

Wie es in dem wohl berühmtesten Poem des Zen-rin-Koshu heißt:

"Ruhig sitzend,
Nichts tuend;
Frühling kommt,
Und das Gras wächst ganz von selbst." *145

*** "Aikido" ist eine Art Judo, bei der die Energie des Angreifers durch geschicktes Ausweichen des Verteidigers ins Leere stößt und sich von daher gegen ihn selbst richtet.
Aikido wurde entwickelt von dem Zen-Meister Morihei Uyeshiba (*1881)

Mit dem Flusse treiben

Im Gegensatz zu Psychoanalyse und Verhaltens-Therapie geht es der Gestalt-Arbeit nicht darum, das Symptom des Klienten "wegzutherapieren", es wie ein Chirurg einfach als "das Kranke" wegzuschneiden.
Gestalt-Therapie bleibt vielmehr direkt am Symptom und arbeitet mit ihm, anstatt es zu bekämpfen; sie sieht das Symptom als den eigentlichen Schlüssel zur Lösung der Störung, den zu beseitigen diese verhindert.

Das Paradox, daß Veränderung nur möglich wird, wenn sowohl Therapeut als auch Klient davon ablassen, Veränderung herbeiführen zu wollen, spiegelt sich wider in Claudio Naranjo´s Beschreibung von Gestalt-Therapie als einer "Weise des Nicht-Wegmachens anstatt des Machens." *146
Dieses Selbstverständnis der Gestalt-Therapie zeigt bemerkenswerte Ähnlichkeit mit der Taoistischen Lehre des "wu-wei", was wörtlich soviel bedeutet wie "Nicht-Tun". Der Kern der Taoistischen Lehre ist, der eigenen, wahren Natur lebend Glückseligkeit zu erlangen; es gelte, weder sich selbst, noch die Welt in irgendeine Richtung zwingen zu wollen, sondern mitzufliessen in der Strömung des Tao.

"Durch Nicht-Tun kann alles getan werden." (Lao-Tzu) *147

"wu-wei" heißt, das Leben natürlich "wachsen" zu lassen, anstatt es strukturieren zu wollen nach irgendwelchen abstrakten Theorien oder Konzepten oder vorgefassten Ansichten.

"Schieb´ den Fluß nicht an,
er fliesst ganz von selbst." (Perls) *148

Das Nicht-Tun des "wu-wei" ist jedoch nicht zu verstehen als ein fatalistisches Sich-Abfinden mit all den Mißständen, die einen umgeben, -ganz im Gegenteil: Nur in der nichts vermeidenden Akzeptanz dessen, was ist, kann man neue Bewußtheiten entwickeln und neue Seinsweisen im nächsten Augenblick ausprobieren.
Der Zen-Weg der Gestalt-Therapie ist das Übernehmen von Verantwortung für sich selbst und die Welt, für sich selbst in der Welt.

"Einsam im Walde,
Oder mitten auf dem Marktplatz.
Ein und dasselbe." (Chen-Tao-Ke) *149

Psychotherapeutische Emanzipation läßt sich nicht trennen von bewußtem Einsatz für gesellschaftliche Veränderung, ohne in fragwürdige Selbstverschließung zu führen. Es gilt, das geläuterte Selbst auch laut zur Geltung zu bringen.
Therapie, die sich nicht befasst mit dem Gemeinwesentlichen des Menschen, mit der Gesellschaft, in der er lebt, verkommt zu elitär-privatistischem Zeitvertreib und untergräbt hierin ihre Berührungs-erschließende Energie auch für den privaten, scheinbar geretteten Bereich.

Auf der anderen Seite ist es unabdingbar für die Gesellschaftskritiker jeglicher Coleur, in das Unbekannte der eigenen Seele sich vordringen zu getrauen.

"Wenn nämlich Menschen auf ideologischer Ebene sprechen und agieren, bleiben die Persönlichkeitsstrukturen unangetastet. Da sitzt dann der Angstneurotiker neben dem Querulanten, dem eitlen Redner, dem Geltungshungrigen, dem Ressentimentgeladenen, der die Gesellschaft nur verändern will, weil er selbst obenauf kommen will, und dem potentiellen Diktator, der, wenn er mal oben ist, den anderen schon zeigen wird, wie man´s macht... Solange man nicht an der Persönlichkeit ansetzt, ist sehr viel politisches Reden blosses Geschwätz." (Rattner) *150

Individuelle Veränderung erfüllt sich letztlich nur als öffentliche Ereignung und muß daher einhergehen mit gesellschaftlicher und umgekehrt, geht es um wirkliches Verwandeln des Lebens, so wie nur aus der dynamischen Beziehung des "Yin" und des "Yang" das fortwährende Sich-Wandeln der Welt erwächst.

Den Fröschen lauschen

Gestalt-Therapie teilt die optimistische, fröhliche Welt-Sicht der alten Meister, wie sie etwa in den Worten des Zen-Poeten Ryokan zum Ausdruck kommt:

"Welch ein Ding des Glücks ist dies,
Den Fröschen zu lauschen,
In hügliger Flur,
Ausgestreckt zu voller Länge,
In meiner strohgedeckten Hütte." *151

Vollen Herzens wendet sich Gestalt-Therapie gegen den düsteren Pessimismus der Psychoanalyse, wie er deutlicher nicht in Erscheinung treten kann, als in Freud´s berühmter Feststellung:

"Viel schon haben wir erreicht, wenn wir neurotische Misere in gewöhnliches Unglücklichsein verändern können." *152

Entgegen dem Verständnis traditioneller Psychotherapie, die den Menschen als "von Natur aus" in Konflikt sieht, und von daher sich selbst bestenfalls in der Lage, Leid zu lindern, geht es dem zutiefst humanistischen Tao der Gestalt-Therapie um wirkliches Heilen, um Gesund-Sein.
Sie betrachtet den Menschen nicht aus dem medi-zynischen Blickwinkel des Pathologischen, sondern richtet das Augenmerk vielmehr auf das freizusetzende Potential und die Lebens-Kraft, die in jedem Individuum stecken.

Gestalt-Therapie hat also, zumindest implizit, klare Werte, wie etwa Spontaneität, Sinn-lichkeit, Bewegungs-Freiheit, emotionale Erlebnis- und Ausdrucksfähigkeit, Freude, Leichtigkeit, Flexibilität in Beziehungen, Direktheit und Nähe zu anderen, Intimität, Kompetenz, Unmittelbarkeit und Gegenwärtigkeit, Selbst-Behauptung, Kreativität, -um völlig ungeordnet die wesentlichsten zu benennen.
Diese Werte sind jedoch beileibe keine abstrakten, äußeren Forderungen oder Moralkategorien, die einem übergestülpt werden, sondern sie sind gerade die Qualitäten freier und gesunder Lebens-Selbstgestaltung, die sich entwickeln im Prozeß der Selbstentdeckung und -freisetzung.
Diese Qualitäten von Gesundheit sind, was im Osten bekannt ist als "Erleuchtung".
Es wird deutlich, daß "Erleuchtung" nicht ein fixer Zustand ist, den man erreichen, oder ein Gut, das man in Besitz nehmen kann. "Erleuchtung" ist vielmehr ein Prozeß, -ein "satori" nach und aus dem anderen, fortwährend sich zeugend und zur Welt bringend. Es ist der fortdauernde Gestalt-Prozeß des kontinuierlichen Wiederherstellens organismischen Gleichgewichtes durch befriedigenden Ausgleich des Bedürfnisses, das die jeweilige Imbalance verursacht hat, -ein ständiges Rund-Werden und Sich-Schliessen offener Gestalten.
Es gibt keinen Weg, sich Probleme ein für allemal vom Halse zu schaffen,- gewissermaßen in einen statischen Erleuchtungs-"Zustand" zu gelangen: die Probleme zu lösen, die das Leben aufgibt, ist Sache des Lebens selbst.

Ein altes Zen-Sprichwort:

"Wenn alles gekehrt und gesäubert ist,
Fallen neue Blätter herab." *153

Gestalt-Therapie ist der Prozeß des Lernens, daß man eine Wahlmöglichkeit hat, entweder weiterhin mit all seinen Konzepten und Dogmas und Idealen zu leben, oder frei davon. Es ist das Lernen, sich selbst zu umarmen, gerade so, wie man ist, und die Welt, gerade so, wie sie ist.

"Um eine Biegung, und plötzlich,
Da, gegen den Herbsthimmel,
Erhebt sich der mächtige Fuji." (Onikura) *154

Triffst du Buddha unterwegs

Gestalt-Therapie hat keine Anforderungen, keine "man sollte", oder "man sollte nicht", -weder an den Klienten, noch an den Therapeuten, noch an sich selbst.
Sie ist locker wie die alte Tradition des Zen, die alles Moralisieren den Buddhismus überschreitet, alles Konventionalisieren des Konfuzianismus, alles Mystizieren des Taoismus, -nur um die absolute Freiheit zu geben, so moralistisch, konventionalistisch, mystizistisch zu sein, wie man ist, - oder nicht.

Zen, wie Zen sagt, ist ein Leben nach eigenem Zen, nicht nach Zen´s Zen. Zen kann deshalb nie Zen-ismus werden, oder er hört auf, Zen zu sein.

In entfernter Analogie hierzu kann Gestalt-Therapie schlechterdings nicht Perls-ismus sein; dies wäre der Tod ihrer freisetzenden Bewegung.
Gestalt-Therapie ist eine völlig offene Herangehensweise, in der jeder Therapeut seinen eigenen Weg finden muß, -in jeder Sitzung und mit jedem Klienten auf´s neue. Der Versuch, zu imitieren, was Fritz Perls als besonderer, einzelner Mensch in die Gestalt-Therapie einbrachte, wäre ein völliges Abirren von dem, worum es geht. Perls selbst suchte ausdrücklich zu verhindern, daß ein "Perls-Kult" sich etabliere, oder eine Therapie-Schule sich um ihn herum forme.

Die Gefahr ist groß, an Lehrern, Meistern, Therapeuten, Gurus kleben zu bleiben, -für sämtliche Beteiligten, -die echte Mensch-zu-Mensch-Beziehung zu verpassen.

Die Freiheit, selbstverantwortlich auf einen anderen Menschen zugehen zu können und mit ihm in Berührung kommen zu können und sich wieder von ihm lösen zu können, ist Ziel und Weg Gestalt-Therapeutischen Wirkens, -die freie Begegnung mit dem anderen, -so wie ich bin und so wie du bist, - Ich und Du.

"Triffst du Buddha unterwegs,
Bring´ ihn um!" *155

===================
====================

Sämtliche Zitate sind frei aus dem Englischen / Amerikanischen übersetzt.

1 Perls,F.S.: In and Out the Garbage Pail
Lafayette, CA: Real People Press
1969

2 Warner,R.: The Greek Philosophers
NewYork, NY: New American Library
1958

3 s.2

4 s.1

5 Perls,F.S.: Gestalt Therapy Verbatim
Moab, Utah: Real People Press
1969

6 Blyth,R.H.: Zen and Zen Classics
NewYork, NY: Vintage
1978

7 s.6

8 Capra,F.: The Tao of Physics
Bungay, Suffolk GB: Wildwood / The Chaucer Press
1977

9 Wilhelm,R.: The I-Ching or Book of Changes
London, GB: Routledge&Kegan
1969

10 s.8

11 s.8

12 Suzuki,D.T.: Lectures on Zen Buddhism
In E.Fromm,D.T.Suzuki,R.deMartino
Zen Buddhism and Psychoanalysis
NewYork, NY: Harper&Row
1970

13 Rajneesh,C.M.: The Discipline of Transcendence
Poona, India: Rajneesh Found.
1977

14 s.6

15 s.6

16 s.8

17 Barret,W.(Ed.): Zen Buddhism
GardenCity, NY: Doubleday
1956

18 s.8

19 s.6

20 Watts,A.: The Way of Zen
NewYork, NY: Vintage
1957

21 s.8

22 Miller,O.B.: Little Pictures of Japan
Chicago, Ill.: The Bookhouse For Children Publ.
1925

23 Lao Tzu: Tao Te King
transl.by Ch'u Ta-Kao
London, GB: Allen&Unwin
1970

24 Murti,T.R.V.: The Central Philosophy of Buddhism
London, GB: Allen&Unwin
1963

25 Perls,F.S.: GestaltTherapy: Excitement and Growth in the Human Psychology
(F.Perls,R.Hefferline,P.Goodman)
NewYork, NY: Dell
1951

26 s.1

27 s.8

28 s.5

29 s.5

30 s.5

31 Watts,A.: Psychotherapy East & West
NewYork, NY: Vintage
1961

32 Perls,F.S.: Four Lectures
In J.Fagan & I.L.Shepherd (Eds.)
GestaltTherapy Now
NewYork, NY: Harper&Row
1970

33 s.6

34 s.23

35 s.5

36 s.6

37 s.1

38 s.23

39 Fung,Y.-L.: A Short History of Chinese Philosophy
NewYork, NY: MacMillan
1958

40 s.23

41 s.12

42 s.20

43 s.12

44 s.5

45 s.1

46 s.20

47 s.22

48 Perls,F.S.: The Gestalt Approach
NewYork, NY: Science & Behavior
1973

49 Hisamatsu,A.: Treshold
LosAngeles, CA: Leading Edge
1974

50 s.22

51 s.22

52 Latner,J.: The Gestalt Therapy Book
NewYork, NY: The Julian Press
1973

53 s.6

54 Rajneesh,C.M.: The Orange Book
Poona, India: Rajneesh Found.
1980

55 s.20

56 s.20

57 s.1

58 s.52

59 s.5

60 s.52

61 Rajneesh,C.M.: Returning To The Source
Poona, India: Rajneesh Found.
1977

62 s.6

63 s.5

64 Thera,N.: The Heart of Buddhist Meditation
London, GB: Rider
1962

65 s.64

66 Naranjo,C.: Present-Centeredness
In J.Fagan & I.L.Shepherd
Gestalt Therapy Now
NewYork, NY: Harper&Row
1970

67 s.52

68 s.5

69 Perls,F.S.: Ego, Hunger, and Aggression
NewYork, NY: Vintage
1969

70 Suzuki,D.T.: The Essentials Of Zen Buddhism
NewYork, NY: Dutton
1962

71 s.5

72 s.70

73 s.6

74 s.1

75 s.64

76 Rajneesh,C.M.: Seeds Of Revolutionary Thought
transl.by T.V.Parameswar Iyer
Delhi, India: Motidal Banarsiddhas
1978

77 s.64

78 s.69

79 s.32
80 s.23
81 s.5
82 s.5
83 Simkin,J.: Gestalt Therapy
In R.Corsini and Contributors
Current Psychotherapies
Itasca, Ill.: P.E.Peacock Publ.
1979
84 s.20
85 Rajneesh,C.M.: The Empty Boat
Poona, India: Rajneesh Found.
1976
86 s.49
87 Chang,Ch.Y.: Creativity and Taoism
NewYork, NY: The Julian Press
1963
88 Dublin,J.E.: GestaltTherapy, Existential-Gestalt-Therapy and/versus Perls-ism
In E.Smith (Ed.)
The Growing Edge Of Gestalt Therapy
Secaucus, NJ: Citadell Press
1977
89 s.5
90 s.20
91 s.5
92 s.23
93 Simkin,J.: Gestalt Therapy Mini-Lectures
Millbrae, CA: Celestial Arts
1976
94 Smith,E.: The Roots of Gestalt Therapy
In E.Smith Ed.)
The Growing Edge Of Gestalt Therapy
Secaucus, NJ: Citadell Press
1977
95 s.5
96 s.20
97 s.5
98 s.5
99 s.6
100 Beisser,A.: The Paradoxical Theory Of Change
In J.Fagan & I.L.Shepherd
Gestalt Therapy Now
NewYork, NY: Harper&Row
1970
101 Fromm,E.: Psychoanalysis and Zen Buddhism
In E.Fromm,D.T.Suzuki,R.deMartino
Zen Buddhism and Psychoanalysis
NewYork, NY: Harper&Row
1970
102 s.101
103 s.6
104 s.20
105 Rajneesh,C.M.: The CypressIn The Courtyard
Poona, India: Rajneesh Found.
1977
106 s.6
107 s.87
108 s.20
109 s.8
110 Kopp,S.: If You Meet The Buddha On The Road, Kill Him
NewYork, NY: Bantam Books
1972
111 Rajneesh,C.M.: Zen: The Path Of Paradox
Poona, India: Rajneesh Found.
1978
112 Suzuki,D.T.: An Introduction To Zen Buddhism
London, GB: Rider
1949
113 s.112
114 Greaves,G.B.: GestaltTherapy, Tantric Buddhism and the Way of Zen
In E.Smith (Ed.)
The Growing Edge of Gestalt Therapy
Secaucus, NJ: Citadell Press
1977
115 Kopp,S.: The Trickster Healer
In E.Smith (Ed.)
The Growing Edge of Gestalt Therapy
Secaucus, NJ: Citadell Press
1977
116 Herrigel,E.: Zen in the Art of Archery
NewYork, NY: Vintage
1971
117 s.6
118 s.5
119 Stallone,J.A.: GestaltTherapy, Zen Buddhism and Transcendental Meditation
In E.Smith (Ed.)
The Growing Edge of Gestalt Therapy
Secaucus, NJ: Citadell Press
1977
120 s.6
121 s.20
122 s.20
123 s.20
124 s.5
125 s.20
126 s.20
127 Yokoi,Y.: Zen Master Dogen
NewYork, NY: Weatherhill
1976
128 Zinker,J.C.: Gestalt Therapy is Permission to be Creative
In Voices
Journal of the American Academy of Psychotherapists Vol.9,No.4
1973/74
129 s.6
130 s.6
131 s.48
132 s.6
133 Resnick,R.: Chickensoup Is Poison
In Voices
Journal of the American Academy of Psychotherapists Vol.6,No.2
1973
134 s.133
135 s.6
136 s.1
137 s.1
138 s.6
139 s.6
140 s.115
141 s.6
142 s.1
143 s.6
144 s.52
145 s.20
146 s.66
147 s.23
148 s.93
149 s.22
150 Rattner,J.: Die Bedeutung der Psychohygiene für unsere Kultur (ORIG.)
In Das Gespräch aus der Ferne
25, Nr.230
1971
151 s.6
152 Fagan,J.: Theory Of Gestalt Therapy
In J.Fagan & I.L.Shepherd
Gestalt Therapy Now
NewYork, NY: Harper&Row
1970
153 s.22
154 s.22
155 s.110

Ausgewählte Bibliographie deutschsprachiger Literatur

Brooks,Ch.: Neuentscheidung, Stuttgart 1978

Chang,Ch.-Y.: Tao, Zen und schöpferische Kraft, Köln 1985

Dürckheim,K.: Japan und die Kultur der Stille, Weilheim 1971

Wunderbare Katze und andere Zen-Texte, Weilheim 1970

Zen und Wir, Weilheim, 1972

Fromm,E.(e.a.): Zen-Buddhismus und Psychoanalyse, München 1963

Golas,Th.: Der Erleuchtung ist es egal, wie du sie erlangst, Basel 1979

Goulding,M.u.R.: Neuentscheidung, Stuttgart 1981

Kopp,Sh.: Triffst du Buddha unterwegs, -töte ihn, Düsseldorf 1977

Munsterberg,H.: Zen-Kunst, Köln 1978

Perls,F.S.: Das Ich, der Hunger und die Aggression, Stuttgart1978

Gestalt-Therapie in Aktion, Stuttgart 1974

Grundlagen der Gestalt-Therapie, München 1976

Perls,F.S., Hefferline,R., Goodman,P.: Gestalt-Therapie, Lebensfreude und Persönlichkeitsentfaltung, Stuttgart 1985

Polster,E.u.M.: Gestalt-Therapie, München 1973

Rajneesh,C.M.: Mit Wurzeln und Flügeln, Freising 1980

Und vor allem: Nicht wackeln!, München 1980

Reich,W.: Die Funktion des Orgasmus, Berlin 1969

Rosenberg,J.: Orgasmus, Berlin 1976

Stevens,O.: Die Kunst der Wahrnehmung, München 1974

Suzuki,D.T.: Die große Befreiung, München 1978

Trungpa,Ch.: Mudra, Rheinberg 1981

Ulenbrook,J.: Lao Tse, Frankfurt 1980

Haiku, München 1979

Watts,A.: Zen, Rheinberg 1981

Weber,M.: Mit sich selbst in Einklang kommen, Freiburg 1982

Wilhelm,R.: I-Ging, Köln 1978

Illustrationen:

Titel: "Bambus"
Tuschzeichnung: Goldner 1985

S. 8 "Bamboo-Garden"
Foto: Goldner CA 1985

S.21 "Kreis"
Tuschzeichnung: Goldner 1986

S.29 "Kreis,Dreieck,Rechteck"
Tuschzeichnung: Sengai (1750-1835)
Idemitsu-Museum, Tokio

S.53 "Ch'i"
Tusch-Kalligraphie: Goldner 1986

Guntram Colin Goldner

Studium Sozialwesen in München, sowie Psychologie/Anthropologie in München und LosAngeles.
Promotion 1985
Ausbildung in Personen-Zentrierter Therapie, Gestalt-Therapie, Bioenergetik, e.a.
Langjähr. Zen-Studien, u.a. Karate-Do(2.Dan) u.Tusch-Kalligraphie.
Gegenwärtig freischaffend in München tätig.